U0132327

呂思勉講

中國政治思想史

文化史

呂思勉 著

商務印書館

呂思勉講中國政治思想史·文化史

作　　者：呂思勉

責任編輯：徐昕宇

出　　版：商務印書館 (香港) 有限公司

　　　　　香港筲箕灣耀興道 3 號東滙廣場 8 樓

　　　　　http://www.commercialpress.com.hk

發　　行：香港聯合書刊物流有限公司

　　　　　香港新界大埔汀麗路 36 號中華商務印刷大廈 3 字樓

印　　刷：美雅印刷製本有限公司

　　　　　九龍觀塘榮業街 6 號海濱工業大廈 4 樓 A

版　　次：2017 年 7 月第 1 版第 1 次印刷

　　　　　© 2017 商務印書館 (香港) 有限公司

　　　　　ISBN 978 962 07 5744 0

　　　　　Printed in Hong Kong

目　錄

中國政治思想史十講

　　《中國政治思想史》，民國二十四年在上海光華大學所講，子女翼仁筆記之，而予為之訂補。以閱時甚暫，故所講甚略，特粗引其端而已。雖然，古之所貴乎朋友講習者，曰講明。學者於義有所不徹，教者罕譬而喻焉，曰講貫。既習其數矣，而未能觀其會通，故教者為引而信之，觸類而長之也；故曰：予非多學而識之，予一以貫之者也。專門之士，窮幽鑿險，或非聖人所能為。然覆杯水於堂坳，則芥為之舟，置杯焉則膠，致遠恐泥，是以君子弗為也。況於翻檢鈔錄，又不足以語於曲者邪。抑聞之，古之為政者，必立諫鼓，置謗木，豈不知忠言之逆耳，讒諂面諛之快於心，雖睿智，思慮有所弗能用；雖聰明，耳目有所弗能及。是以用眾以自輔，求賢以自鑒，而不蔽於其所親昵也。若乃將直言極諫，與誹謗同科。舉國計民生，唯黨徒之殉，弗思耳矣，亦已焉哉。雲南起義前夕自記。

第一講
中國政治思想史之分期

中國的政治思想史，是頗為難講的，因為：

（一）政治思想和政治制度不同。政治制度，是有事實可考的，歷代都有記載。記載自然有缺漏，但是一件事實，缺落其一部分，或者中間脫去一節，是很容易看得出來的，自然有人去研究，用考據手段去補足他。政治思想則不然，他是存於人的心裏的。有許多政治思想，怕始終沒有發表過；即或發表過的，亦不免於佚亡（凡高深的學說，往往與其時的社會不相宜，此等學說不容易發表，即使發表了，亦因其不受大眾的注意，或且為其所摧殘而易至於滅亡）；此等便都無可稽考。

（二）中國是一個政治發達的國家；而且幾千年來，研究學術的人特別重視政治；關於政治的議論，自然有許多，但都不是甚麼根本上的問題。為甚麼呢？因為一件事情，我們倘然看作問題而加以研究，必先對於這件事情發生了疑問，而疑問是生於比較的。我們都知道，希臘的政治思想發達得很早，在亞里士多德時，已經有很明晰的學說了。這就是由於希臘的地小而分裂，以區區之地分成許多國，各國所行的政體，既然不同而又時有變遷，留心政治問題的人，自然覺得政治制度的良否和政治的良否大有關係，而要加以研究了。中國則不然。中國是個大陸之國，地勢是平坦而利於統一的。所以其支離破碎，不如希臘之甚。古代的原民族——即今日所謂漢族——分封之國雖多，所行的政體大概是一樣。其餘諸民族自然有兩樣的，但因其文明程度的低下，中原人不大看得起他，因而不屑加以比較研究。孔子說："夷狄之有君，不如諸夏之亡也。"[1] 最可以代表這種思想、這種趨勢。直到後世，還是如此。沒有比較，哪裏會發生疑問？對於政治，如何會有根本上的研究呢？因此，中國關於政治的史料雖多，大都係對於實際政務的意見——如法律當如何改訂、貨幣當如何釐定之類——此等學說，若一一列舉，則將不勝其煩，而其人對於政治思想依舊沒有明瞭。研究中國的政治思想，非將一個思想家的學說，加以綜合，因其實際的議論而看出其政治上的根本主張來不可。這是談何容易的事情？

凡思想總是離不開環境的，所以要講政治思想，必先明白其時的政治制度和政治事實，而政治制度和事實的變遷，就自然可以影響到政治思想而劃分其時期。我們根據於這種眼光，把中國的政治思想分為四個時期：

第一期，自上古至戰國。這是中國的社會組織發生一個很大變遷的時期。自政治上言之，則為由部落至封建（編者按：指實

---

1 《論語‧八佾》。

行分封制的政體），由封建至統一。

第二期，自秦至唐。秦漢是中國初由封建而入於統一的時期。封建之世不適宜的制度，在此時期中，逐漸凋謝；統一之世所需要的制度，在此時期中，逐漸發生；逐漸發生的制度，自然又有不適宜的，不免釀成病態，政治家所研究的，就集中於此等問題。

第三期，自宋至清中葉。第二期中所發生的病象，到此漸覺深刻了，大家的注意自然更切，而其研究也漸深，往往能觸及根本問題。而這時期之中，民族問題也特別嚴重。實際上，民族問題在秦漢時代已經發生，當"五胡亂華"之時，已經很嚴重了，但是人們的思想往往較事實要落後些，當彼其時還不曾感覺他十分嚴重，到宋朝以後，卻不容人們不感覺了。要禦侮先要自己整飭，因此，因為對外問題的嚴重，也引起了內部改革的問題。

第四期，自清中葉至現代。這是中國和歐洲人接觸而一切思想都大起變化的時期，政治思想當然不是例外。

第二講

中國政治思想史上之兩派

　　要講很複雜的政治思想，我們必須先有一個把握。這個把握是甚麼？就是把幾千年來的政治思想先綜括之而作一鳥瞰，得一個大概的觀念。然後，持之以研究煩雜的材料——這是為入手之初方便起見，自然不是研究之後不許修正的。本此眼光面立論，我敢說中國的政治思想可以（1）進取、（2）保守，兩派概括之。為甚麼會有這兩派呢？為甚麼不會有第三派？又為甚麼不會只剩了一派？

　　這是因為社會的本身同時有兩種需要，而這兩派各代表其一種。所以，這兩派是都有其確實的根據，都有其正當而充足的理由的。

　　這話怎樣說呢？說到這句話，我們先要問一問：國家和社會到底是合一的還是分離的，就是國家和社會到底是一件東西，還是兩件東西？

　　這個問題是很容易回答的：

　　（1）有許多人民還沒有能夠組織國家，然而我們不能說他沒有社會。

（2）有許多國家已經滅亡了，然而其社會依然存在。

（3）所謂社會，其界限是和國家不合的，一個國家之中可以包含許多社會，而一個社會也可以跨據許多國家。

據此，社會和國家確係兩物。未有國家之前先有社會，社會是不能一天沒有的。人永遠離不開社會，出乎社會之外而能生存的人，我們簡直不能想像，而國家則是社會發展到某程度應於需要而生的。我們現在固然很需要國家，我們非極力保存我們的國家，擴張我們的國家不可。然而，國家並不是我們終極的目的。照我們現在的希求而逐漸向上，國家終究是要消滅的。這不是我一人的私言，古今中外的哲人懷抱此等思想的，不知凡幾。不過這件事情是很艱難，其路途很遙遠，我們現在不但沒有能達到目的，甚且連達到目的最好的途徑都還沒有發見罷了。然而，事在人為。民之所欲，天必從之，並非真有甚麼天神鑒觀下民，哀矜之而從其所欲，不過全人類真正的慾望其實是相同的，雖然因環境的不良而暫時隱蔽着，及其環境一變，真正的慾望馬上就要發露出來。而且環境的改易，也並非天然的變遷，實際上就是人因其為真正慾望的障礙，而在無形中大家各不相知地把其改造之。故環境改造得一分，人的真正慾望實現的可能程度便高一分，而去其實現之境也就接近一分。如此努力向前，我敢相信路途雖然遙遠，終有達到目的的一日。然則國家在現在雖然很需要，到將來終有消滅的一天的。所謂政治，就是國家所做的事情，國家既是社會發展到某程度應運而生的東西，政治自然也是社會發展到某程度應運而生的現象。

然則在社會發展的歷程中，為甚麼要生出國家這一種東西，產生出政治這一種現象來呢？須知人類所組織的社會，有兩心交戰，正和我們一個人的心有善惡兩念交戰一樣。這兩條心是甚麼？便是（一）公心、（二）私心。

公心，是己欲立而立人，己欲達而達人。一個人好，就希望大家好，甚而至於為着人家不恤犧牲自己。因此，就發生出許多好的制度和好的事實——代表公意的制度和事實來。私心，是只顧自己不顧別人的，不但不肯損己以利人，還要損人以利己。因此，便生出許多壞的制度和壞的事實來。社會進化到某程度，私心發生了，就有抱着公心的人出來和他抵抗。這所謂抱着私心和抱着公心，並不是指具體的人。同是一個人，對於這件事懷抱着公心，對於那件事可以懷抱着私心。在這時期這地方懷抱着私心，換一個時期一個地方又可以懷抱着公心。所以，與其說是兩個人，不如說是兩個階級。壞的階級把好的階級完全消滅，這件事是不能想像的，因為如此人類就要滅絕了，而且這不是人類的本性，當然也不會有這一回事。好的階級完全把壞的階級消滅，還非現在所能。在現在，事實上是如此的一個政府，一方面代表全社會的公意，一方面也代表其階級的私意，這是古今中外凡有政府都是如此的，不過兩者的成分或多或少罷了。

因為社會上先有了所謂惡意，然後有政治出來矯正他。所以矛盾不消滅，政治也不消滅。而政治實際上沒有單代表公心的，總兼代表着私心，他所以躍居治者之地位，就有一部分為是要達其私意之故。既已居於治者的地位，自然更可將這種私心實現。所以政治的本身也是能造成矛盾的，政治不消滅，矛盾也不消滅。

人類的公心是無時而或絕的，總想把這社會弄得很好。因此，在任何時代任何地方，總要想上進。但是，因為私心未能絕滅之故，任何事情都不容易辦好，而且不辦事則已，一辦事往往因此而又造出一種壞來。人的性質是各有所偏的，有人富於熱烈的感情，對於現狀深惡痛絕，這種人自然容易發見現狀之壞，研究改革之方，而於改革之難達目的，及其因此而反生弊端，卻較少顧慮。如此便成為進取派，而其性質和他相反的，就自然成為保守派。人的性質是有此兩種，所以古往今來的政治思想都可以這兩派括之。至於哪一派的勢力較強，自然和其時代也有關係。在這一種觀念之下，去了解中國的政治思想，我以為是較容易的。

以上所說的話是很抽象的，以下用具體的話來證明他。

第三講
上古到戰國的社會變遷

　　上古到戰國，劃分為政治思想史上的一個時期，前文已經說
過了。這一個時期之內，政治思想的背景是怎樣呢？

　　這一個時代，在政治上，可以說是從部落進於封建，從封建
進於統一的時代。

　　人類最初的組織，大概是依據血統的。但是到後來，就漸漸
地從血統的聯結而進於地域的聯結了，這就成為部落。

　　部落的生活，大概是漁獵、遊牧、農耕三種。從前的人，都
說人類進化的程序，是從漁獵到遊牧，遊牧到農耕的，其實也不
盡然。依現在社會學家所考究：大抵山林川澤之地，多從漁獵逕
進於農耕；平原曠莽之區，則從漁獵進化到畜牧。至於進化而成
為國家，則遊牧、農耕兩種人民，關係最大。古代各部落間，彼
此無甚關係，因之不能互相了解，相遇之時就不免於爭鬥。漁獵
民族需要廣大的土地才能養活少數的人口，所以其人數不能甚
多，而文明程度也較低，與遊牧民族戰爭時，多不免於敗北。

　　農耕民族文明程度是最高的，其人口也較多。和遊牧民族戰

爭，本來可得勝利，但因其性質愛好和平，而又安土重遷，不能興師遠征，所以遊牧民族來侵犯時，雖可把他擊退，總不能掃穴犁庭。而遊牧民族敗則易於遁逃，及其強盛之時，又可以集合起來去侵略他人，農耕民族總不免有時為其所乘。所以以鬥爭論，遊牧民族，對於漁獵民族和農耕民族，都是很有利的，但是漁獵民族文明程度本低，加以敗北之後可以遁跡山林，遊牧民族倒也無如之何。農耕民族卻和土地的關係密切了，寧受壓迫而不願遁逃。遊牧民族戰勝時，便可以強制他服從，勒令他納貢。進一步，還可以侵入其部落之內，而與之同居，強制其為自己服役。如此，一個部落之內，有征服者和被征服者兩個階級對立；征服者治人而食於人，被征服者治於人而食人，就成為國家的起原了。

以上所述，是現代社會學家的成說，從我國古史上研究，似乎也是相合的。古代相傳的帝王，事跡較有可考的，是巢、燧、羲、農。有巢氏教民構木為巢，燧人氏教民取火熟食，其為漁獵時代的酋長，顯而易見。伏羲氏，因為相傳有"馴伏犧牲"之說，大家就都認他為遊牧時代的酋長，其實這全是望文生義的。"伏羲"二字，乃"下伏而化之"之意，見於《尚書·大傳》。其事跡，則《易經》的〈繫辭傳〉稱其作網罟以佃以漁。《尸子》亦說："燧人氏之世，天下多水，故教民以漁；伏羲氏之世，天下多獸，故教民以獵。"其為漁獵時代的酋長，也顯而易見。伏羲氏之後是神農氏，則名義上，事跡上，都昭然無疑，是農耕時代的酋長了。其根據之地：有巢氏治石樓山，在琅琊南；燧人氏出暘谷，分九河；伏羲氏都陳；神農氏都魯，都在今河南、山東，黃河以南。

黃帝邑於涿鹿之阿，則在今河北涿縣。大約古代山東半島之地，有一個從漁獵進化到農耕的民族，便是巢、燧、羲、農；而黃帝則為河北遊牧之族。阪泉涿鹿之戰，便是這個農耕民族為遊牧民族所征服的事跡。

社會的內部，其初是蕩蕩平平，毫無階級的。但是經過相當的時間，便要生出男婦和老幼的區別。前者是基於兩性的分工；後者則由於知識技藝的傳授，以及遇事的謀略，臨事的指揮，自然經驗豐富的人，總處於重要的地位。所以在淺演的社會裏，雖然還行着女系，而掌握實權的，也以男子為多。至於年老的人，則其地位尤為優越。社會愈進步，分工的作用愈顯著，處於特別地位的人，自然愈形重要。如此，專門指揮統率的人，權力逐漸增大，就成為"君"的起源。其偏於保存智識的人，則成為僧侶階級。凡此等，都是一個團體之內，特殊階級之所以形成。然而總不如用兵力征服的關係來得大。

這一個部落征服那一個部落，其初是用勒令進貢的方法去剝削他的，至於被征服部落內部的情形，則絲毫不管。中國從黃族征服了炎族以後，直到夏禹之世，對於被征服者還有這種情形。所以夏后氏對農民所收的租稅稱為"貢"，和這一國獻給那一國的禮物名稱相同。其方法，則係按幾年收穫的平均額向他徵取。至於豐年可以多取而不取，以致穀物不免浪費；凶年不能足額而強要足額，以致人民受累，他是絲毫不管的。可見這時候，征服之族和被征服之族還沒有融合。到殷周時代，情形就不同了。殷代收稅之法名為"助"，是強制人民代耕公田的。周代收稅的法子名為"徹"，是田畝不分公私，而國家按其所入，取其十分之一。可見這時候，征服者和被征服者已合併成一個社會了。

古代農耕的社會，其內部本來是有很良好的規則的。凡榨取，必須要保存被榨取的對象。征服之族，只要榨取就夠了，何苦而去干涉被榨取的社會內部的事情？所以農耕社會雖然被遊牧民族征服，而其內部良好的規則還得保存。進一步，征服民族對於被征服的民族，關係漸漸的深了；管理干涉，也漸漸的嚴密了，然而也還是本於這種規則以行事；甚且還能代他修整，助其保持。這時代的君主，就是後世所稱為聖主賢君的；而這時代，就是孔子所說的小康時代。至於那已經過去的毫無階級的時代，那自然就是所謂大同時代了。當此時代，征服者和被征服者階級的對立是：（一）貴族，（二）自由民，（三）奴隸三者。貴族是征服階級裏握有政權的人，如契丹之有耶律、蕭氏。自由民是征服階級裏的平民，如契丹之有部族，被征服的民族，那就是奴隸了。

其初，征服階級和被征服階級的對立是很為尖銳的。所以貴族和自由民之間，其相去近；自由民和奴隸之間，其相去遠。但是到後來，壓迫的關係漸成為過去；平和的關係日漸增長；而掌握政權的人，其權力卻日漸發達。於是貴族和自由民，相去漸遠；自由民和奴隸，相去轉日近。馴至因彼此通婚而混合為一。我國古書上百姓和民、民和氓，有時是有區別的，有時卻又沒有，就是這個關係。

以上所說，是從部落時代進化到封建時代的大略。但是進化到封建時代，還是不得安穩的。因為此等封建之國，其上層階級本來是一個喜歡侵略的民族；在侵略的民族中，戰爭就是生利的手段。當其初征服別一個民族時，生活上自然暫時得到滿足，但是經過相當的年代，寄生之族的人口漸漸的增加了；而其生活程度，也漸漸增高；就又要感覺到不足。感覺到不足，那除向外侵略，奪他人的土地人民為己有，是沒有別法的。在戰國以前，列國所以要互相吞併；一國中的大夫，也要互相吞併；這就是其中很重要的原因。如此一步步的向前進行，晉國的六卿，併成三家；春秋時的百四十國，變為戰國時的七國；世運就漸進於統一了。

政治一方面情形如此，社會一方面也有很重要的變遷。征服之族，初征服被征服之族時，是把他們的人擄來作為奴隸使用。此時的奴隸，是以多數的人替少數的貴族耕作廣大的土地的。生命尚非己有，何況耕作之所得？在此等情形之下，奴隸的耕作未必出力；而此時耕作的方法，也還幼稚；自然可以多數的人，耕作廣大的土地。到後來，耕作的方法漸漸進步了，壓迫的關係也漸漸變化，即發見用武力強迫人家勞動，不如在自利的條件下，獎勵人家勞動之為得計；並發現以多數人粗耕廣大的土地，不如任一家一戶精耕較小的土地之為有利。於是廣大的田莊，變成分立的小農戶。這是說征服之族，把被征服之族擄掠得來，強制他為自己勞動的社會的變化。其從納貢的關係進化到代為管理，始終沒有破壞被征服之族內部的規則的，自更不必說了。但是無論其為征服之族將被征服之族擄掠來而強制其為自己勞動；或者由納貢的關係而進化到收稅；伴隨着生產方法的進步，廣大的田莊總有變為小農戶的趨勢。我國古代，土地雖非人民所有，然而必要有一個五十畝、七十畝、百畝的分配辦法，而不容籠籠統統的把若干公有的土地，責令若干人去共同耕種，即由於此。於此，已伏着一個土地私有的根源。又因人口的增加，土地分配漸感不足，而分配又未必能平均，於是漸有無田可耕的人；又或因所耕的田太劣，而願意換種好田；於是"地代"就漸漸發生。有權支配的人，就將好田與壞田收穫的差額，悉數取為己有。於是土地的私有，漸漸的成立了。

又因生產方法的進步，工業漸漸的脫離農家的副業而獨立。於是交換愈益頻繁，而專司交換的關鍵的商人也出現了。商人對於農工，在交換上，是處於有利的地位的。因為要以其所有易其所無的人，都有非易不可之勢；而在交易的兩方，都無從直接，交換都要通過商人之手才行。於是商人乘賣主找不到買主時，可以用很廉的價格買進；到買主找不到賣主時，又可以用很貴的價格賣出。一轉手之間，生產者和消費者，都大受其剝削。所以在近代工業資本發展以前，商業資本在社會上，始終是很活躍的。這是中國幾千年來一貫的趨勢，更無論古代經濟初進步的時候了。因商業資本發達，則農人受其操縱而愈益窮困。於是高利貸出現。在這兩種剝削之下，再加之暴政的榨取，農民乃無可控訴，而至於流亡。其投靠到富豪的，或則售其田產，而變為佃農；或竟自鬻其身，而成為奴隸。除非在社會上有所需求，都可以靠暴力脅奪，如其不然，有所求於人，就非得其允許不可。或者守着社會上公認的交換規則進行交換，則相需甚殷的一方面，總是吃虧，而其勢較緩的一方面，總是處於有利的地位的。所以在春秋戰國時，商人的勢力大盛。使國家也不能不謹守和他們訂立的契約[2]，甚而至於與他們分庭抗禮[3]。一方面，都市的工商業家，鄉下的大地主，新階級興起了；一方面，則因戰爭的劇烈，亡國敗家者相隨屬，封建時代的貴族日益淪落；於是貴賤的階級漸平，貧富的階級以起。然而當這時代，國家的政治權力，不是縮小了，而反是擴大了。因為政治是所以調和矛盾；也可說是優勝的一個階級，用來壓迫劣敗的階級的。社會的矛盾日益加甚，自然政治的權力日益加大。但是這時候，代表政治上的權力的，不是從來擁有采地的封建主，而是國王所信任的官僚。

官僚是怎樣興起的呢？那便是：（一）新興的工商家和地主階級中較有知識的分子；（二）沒落的舊貴族尤多，他們的地位、身份雖然喪失，其政治上的才能和知識，是不會隨而喪失的。現代的縣名，還有一部分沿自秦漢時代，秦漢的縣名很容易看得出，有一部分就是古代的國名；可見其本為一獨立國。獨立國夷而為縣，並不是從秦漢時代開始的；春秋戰國時，早已有許多小國，變成大國中的一縣了。國變而為縣，便是固有君主的撤廢，中央政府派遣地方官吏的成功。質而言之，就是後代的改土歸流。因封建制度崩潰而官僚增多，亦因官僚增多而大國的君主權力愈擴大，封建政體因之愈趨於崩潰。還有加重大國的權力的，便是軍隊的加多與加精。在古代，大約是征服之族服兵役，被征

2　指鄭國子產不肯強市商人貨物之事。見《左傳》昭公十六年。

3　子貢之事，見《史記・貨殖列傳》。

服之族則不然的。這並不是被征服之族都不會當兵，不過不用他做正式的軍隊罷了。我國古代，天子畿方千里，公侯皆方百里，幅員的大小為百與一之比，而兵額卻不過兩三倍，就是為此。《禮記·文王世子》是古代的庶子官管理王族之法，而其中說戰則守於公禰；鄢陵之戰，晉國人說：“楚之良，在其中軍王族而已。”可見古代的戰鬥不但全用征服之族，組織軍隊並且還是以王族為中心的。至於被征服之族，則不過叫他保守本地方，並不用他做正式的軍隊，所以說寓兵於農[4]。到春秋時，這種情形就大變了。變遷的途徑有二：一是蓄養勇士，求其戰鬥力之加強；一是訓練民眾，求其兵數之加多。前者如齊莊公是其代表；後者如管仲作內政寄軍令，是其代表。到戰國時代，則這兩種趨勢同時並進。如魏國的兵制，挑選人民強壯的，復其身，利其田宅；[5] 又如秦國商鞅之法，把全國的人民都訓練成戰士。此等多而且精的軍隊，自然非小國所能抵敵了。

政治上的互相爭鬥，可以說是使人群趨於分爭角立的；而自經濟上言之，則總以互相聯合為有利。亦且人類的本性，原是互相親愛的；政治上的分爭，只可說是社會的病態。所以在封建時代，政治上的情形雖然四分五裂，而社會的同化作用還是不斷進行的。《中庸》說：“今天下，車同軌，書同文，行同倫。”可見當春秋戰國時，社會的物質和精神都已大略一致，因為只從古相

4　寓兵於農，謂以農器為兵器，非謂以農夫為軍人。見《六韜·農器》篇。

5　見《荀子·議兵》篇。

傳下來，憑恃武力的階級所把持，以致統一不能實現罷了。此等政治上爭鬥的性質，固因有國有家者，各欲保守其固有的地位而至於分爭；亦因其貪求無已，不奪不饜，而漸趨於統一。併兼之勢日烈，則統一之力加強。政治的社會的兩力並行，而統一遂終於實現。

統一，自然是有利的事。人類不論從哪一方面講，總是以統一為有利的。但是前此的分爭固然不好，後來雖勉強統一，而其聯結的辦法還不是最好的。因而處於這一個大國家社會之中的人，不能個個都得到利益；而且有一部分是被犧牲的。而國家社會的自身，亦因此而不得進化。這種趨勢，是從皇古時代，因社會內部的分化和其相互間的爭鬥而就開始進行的；到戰國的末年，已經過很長的時間了。在這長時期中，從民族和國家的全體上看，是由分趨合，走上了進化的大路的。從社會組織上看，則因前此良好的制度逐漸廢墜，人和人相互之間的善意逐漸消失，而至於釀成病態。於是有所謂政治者，起而對治之。政治是藥，他是因病而起的，亦是想治好病的。人誰不想好？誰肯安於壞？於是有政治上種種的主張而形成政治思想。

第四講
先秦的政治思想

　　從上古到戰國，這一期中的政治背景，業經明白了，就可進而講述其政治思想。

　　這一期中的政治思想，最重要的，自然就是所謂先秦諸子。這都是東周時代的思想。自此以前，自然不是沒有政治思想的，然無甚重要關係，所以略而不述。實際上，先秦諸子的思想，都是很受前此思想的影響而發展起來的；研究先秦諸子，西周以前的思想，也可以見其大概了。

　　怎樣説先秦諸子的思想，都是很受前此思想的影響呢？中國人向來是崇古的，對於古人的學説，崇拜總超過批評。這種風氣近來是逐漸改變了，然其對於古人的批評，亦未必都得其當。先秦諸子離現在時代較遠，不大容易了解，因而也不大容易批評。所以不論從前和現在的批評，都很少搔着癢處。對於先秦諸子，大家是比較的抱着好感的。不論從前和現在，對於他們的批評，都是稱頌的居多；即有批評其短的，也都是隔靴搔癢，並沒有能發見其短處，自然更説不到發見其致誤之由。然則先秦諸子有沒有錯誤之處呢？自然是有的，其錯誤而且還頗大。假使先秦諸子真見用於世，見用社會，而真本其所學以行事，其結果怕會弄得很糟的。我們現在，且先說一句總批評。那便是：先秦諸子的思想，都是落伍的。

這話怎樣說呢？要說明這句話，先得知道先秦諸子所代表的，是哪一個時代的思想。我以為：

農家——代表神農時代的思想。

道家——代表黃帝時代的思想。

墨家——代表夏禹時代的思想。

儒家、陰陽家——代表西周時代的思想。

法家、兵家——代表東周時代的思想。

這所謂代表某一時代的思想，只是說其思想是以那一個時代為根據而有所發展，並不是說他完全是某一個時代的思想，不可誤會。

人的思想，是多少總有些落伍的。今天過去了，只會有明天，今年過去了，只會有明年。明天、明年的事情，是無論如何不會和今天、今年相同的，何況昨天和去年？然而人是只知道昨天和去年的。對付明天、明年的事情，總是本於昨天和去年以前的法子。各人所用的法子，其遲早亦許相去很遠，然而總只是程度問題。所以其為落伍，亦只是程度問題。

人的思想，總是在一種文化中涵養出來的。今試找一個鄉氣十足的村館先生，再找一個洋氣十足的留學生，把一個問題，請他們解決。他們解決的方法，一定大相懸殊。這並不是這兩個人的本性相去如此之遠，乃由其所接受的文化不同；所謂性相近，習相遠。知此，然後以論先秦諸子。

一、農家

先秦諸子所代表的，不是一時的思想，這是很容易見得的。因為最難作偽的是文學。先秦諸子中，都包容著兩種時代不同的文學——未有散文前的韻文和時代較後的散文。我們現在不講考據，這個問題且置諸不論。我們現在只從思想上批判其所代表的文化時代的遠近。如此，農家之學，我以為其所代表的文化的時代是最早的。

農家之學，現在僅有許行一人尚有遺說，從《孟子》中可以窺豹一斑。許行有兩種主張，是：

（一）政府毫無威權。所謂賢者與民並耕而食，饔飧而治，就是說人君也要自己種田，自己做飯，像現在鄉下的村長一樣。

（二）物價論量不論質。不論甚麼東西，只要他的量是一樣，其價格就是一樣。

這種思想，顯然是以古代的農業共產社會做根據的。我們如詰問他：既然可以並耕而食，饔飧而治，何必還要有君？既然交換的價格，和成本全不相干，則已變為一種贈與，何必還要交換？他可以說：我所謂政府，是只有辦事的性質，而沒有威壓的性質的。至於交換，我本來要消滅他，強迫交換的價格，論量不論質，只是一種過渡的方法。況且這也是禁奢的一種手段。所以剛才的話，是不能駁許行的。我們要問許行的：是用何種手段，達到他這一個辦法？無政府主義，是沒有一個人不可承認其為最高的理想的；亦沒有甚麼人，敢斷定其終不能達到。不過在現在，決沒有人主張即以無政府的辦法為辦法的。因為這是決不能行的事。從我們的現在達到無政府的地位，不知要經過多少次平和或激烈的革命呢。許行的說法，至少得認為無政府主義的初期，許行卻把哪一種辦法做橋樑，渡到這一個彼岸呢？假使許行是有辦法的，該教滕文公從橋上走，或者造起橋來，不該教他一跳就跳到彼岸。如其以為一跳就可以跳過去的，那其思想比之烏托邦更為烏托了。許行究竟是有辦法沒有辦法的呢？許行如其有辦法，其信徒陳相應該以其辦法反對孟子的辦法，不該以其理想的境界反對孟子的辦法。所以，許行的學說雖然傳下來的很不完全，我們可以推定其是無辦法的。然則許行的思想是一種最落伍的思想。

二、道家

道家當以老子為代表。古人每將黃、老並稱。古書中引黃帝的話，也很和老子相像。（《列子‧天瑞》篇引《黃帝書》兩條，黃帝之言一條，《力命》篇亦引《黃帝書》一條。《天瑞》篇所引，有一條與《老子》同，餘亦極相類）這自然不是黃帝親口說的話，然而總可以認為是黃帝這個社會裏、民族裏相傳的訓條。

老子的思想，導源於遠古的黃帝這一個社會，是可能的。因為老子的道理是：

（一）主張柔弱。柔弱是一種鬥爭的手段。所謂欲取姑與。淺演的社會，是只知道以爭鬥為爭鬥，不知道以退讓為爭鬥的。所以因剛強躁進而失敗的人很多。如紂，如齊頃公、齊莊公、晉厲公、楚靈王、吳夫差、宋王偃等都是。其實秦皇、漢武，也還是這一流人。這種人到後世就絕跡了。這可見人的性質都是社會養成的。黃帝的社會，是一個遊牧的社會，君民上下，都喜歡爭鬥，自然可以發生這一類守柔的學説。儒家所以要教民以禮讓，禮之不足，還要以樂和其內心，也是為此。

（二）是主張無為。"為"字近人都當"作為"解，這是大錯了的。為，化也。無為就是無化。無為而無不為，就是無化而無不化。就是主張任人民自化，而不要想去變化他。"化而欲作，吾將鎮之以無名之樸"，就是說人民要變化，我們還要制止他，使他不要變化。怎樣叫變化呢？《老子》一書，給後來的人講得太深了，怕反而失其真意。《老子》只是一部古代的書，試看（A）其書的大部分都是三四言韻語，確是未有散文以前的韻文；（B）其所用的名詞，也很特別，如書中沒有男女字，只有牝牡字——這尤可表見其為遊牧民族。所以我説《老子》的大部分，該是黃帝這一個民族裏相傳的古訓，而老子把他寫出來的，並不是老子自著的書。我們若承認此説，"無為"兩個字，就容易解釋了。當《老子》這一部書著作的時候——不是周朝的老聃把他寫出來的時候——作者所處的社會，不過和由余所居的西戎、中行説所居的匈奴差不多。這種社會裏的政治家的所謂"為"：壞的，是自己要奢侈，而引進許多和其社會的生活程度不相稱的事來，刻剝人民去事奉他，並且引起人民的貪慾。好的，是自以其社會為野蠻，而仰慕文明社會的文明，領導着百姓去追隨他（《史記‧商君列傳》：商君對趙良自誇說："始秦戎翟之教，父子無別，同室而居，今我更制其教，而為男女之別，大築冀闕，營如魯、衛矣。"就有這種意思）。文明的輸入自然是有利的，然而文明社會的文明，是伴隨着社會組織的病態而進步的；我們跟着他跑，文明固然進步了，社會的病態也隨而深刻了，這也可以說是得不償失的事。《老子》一書中所主張的"無為"，不過是由余誇張戎人，中行說勸匈奴單于勿變俗、好漢物的思想。6《老子》所以為人附會：（一）以其文義之古，難於了解而易於曲解；（二）因其和一部分的宗教思想相雜。《老子》的宗教思想，也是遊牧民族的宗教思想。因為（a）其守柔的思想，是源於自然力的循環；而自然力的循環，是從觀察畫夜四時等的更迭得來的；（b）無為的思想，是本於自然現象的莫之為而為；所謂"天何言哉？四時行焉，百物生焉。"兩者都是從天文上得來的；而天文知識的發達，正在遊牧時代。

　　老子這種思想，可以說是有相當的價值的。但是守柔在不論甚麼時代，都可以算競爭上的一種好手段。至於無為，則社會的變化不易遏止。即使治者階級，尚都能實行老子之說，亦不過自己不去領導人民變化。而社會要變化，還是遏止不住的。我雖然輔萬物的自然而不敢為，而萬物化而欲作，恐終不是無名之樸可以鎮壓得住。在後世，盡有清心寡慾的君主，然而對於社會還是絲毫無補，就是這個理由。這一點，講到將來，還可更形明白，

6　見《史記・秦本紀》、《史記・匈奴列傳》。

現在姑止於是。只要知道就無為這一點上說，老子的思想也是落伍的就夠了。

　　或問在古代，民族的競爭，極為劇烈，老子如何專教人守雌？固然守雌是有利於競爭的，然而守如處女，正是為出如脫兔之計；而觀老子的意思，似乎始終是反對用兵的，既終沒有一試之時，蓄力又將作何用？在古代競爭劇烈的世界，如何會有這一種學說呢？我說：中國古代民族的競爭，並不十分劇烈。民族問題的嚴重，倒是從秦漢以後才開始的。大約古代民族的鬥爭，只有姬、姜二姓曾有過一次劇烈的戰事——河南農耕民族與河北遊牧民族之戰——其結果，黃帝之族是勝利了。經過頗短的時間，就和炎帝之族同化。其餘諸民族，文化程度大抵比炎黃二族為低，即戰鬥力亦非其敵。所以當時，在神州大陸上，我們這一個民族——炎黃混合的民族——是侵略者。其餘的民族——當時所謂夷蠻戎狄——是被侵略者。我們這時候所怕的，是貪求無厭，黷武不已，以致盛極而衰，對於異族的鬥爭，處於不利的地位，而同族間也要因此而引起分裂。至於怕異族侵略，在古代怕是沒有這事的。如其有之，道家和儒家等，就不會一味主張慈儉德化；而法家和兵家等，也要以異族為鬥爭的對象，而不肯專以同族的國家為目標了。我國民族問題的嚴重，是周秦之際和蒙古高原的遊牧民族接觸然後發生的。在古代騎寇很少，居於山林的異族，所有的只是步兵，而我族則用車兵為主力。毀車崇卒和胡服騎射，都是我族侵略的進步，不是防禦行為（中山並非射騎之國，趙武靈王是學了騎寇的長技，再借用騎寇的兵，去侵略中山）。

　　道家中還有一派是莊子。莊子的思想，是和楊朱很為接近的。現在《列子》中的〈楊朱〉篇固然是偽物，然而不能說他的內容全無根據。因為其思想和《莊子》的〈盜跖〉篇是很接近的。〈盜跖〉篇不能認為偽作。這一派思想，對於個人自處的問題，可以"委心任運"四個字包括之。這全是社會病態已深，生於其間的人，覺得他沒法可以控制時的表現。至其對於政治上的見解，則楊子拔一毛而利天下不為之說，足以盡之。拔一毛而利天下不為，是怎樣一個說法呢？此其理頗為微妙。我們現在且不憚繁複，略述如下：

《呂氏春秋・不二》篇：

　　楚王問為國於詹子。詹子對曰："何聞為身，不聞為國。"詹子豈以國可無為哉？以為為國之本，在於為身。身為而家為，家為而國為，國為而天下為。故曰：以身為家，以家為國，以國為天下。

　　身當如何為法呢？

《淮南子・精神訓》：

　　知其無所用，貪者能辭之，不知其無所用，廉者不能讓也。夫人主之所以殘亡其國家，捐棄其社稷，身死於人手，為天下笑，未嘗非為慾也。夫仇由貪大鐘之賂而亡其國，虞君利垂棘之璧而禽其身，獻公豔驪姬之美而亂四世，桓公甘易牙之和而不以時葬，胡王淫女樂之娛而亡土地。使此五君者，適情辭餘，以己為度，不隨物而動，豈有此大患哉？

　　又〈詮言訓〉：

　　原天命，治心術，理好憎，識情性，則治道通矣。原天命則不惑禍福。治心術則不妄喜怒。理好憎則不貪無用。適情性則慾不過節。不惑禍福，則動靜循理。不妄喜怒，則賞罰不阿。不貪無用，則不以慾用害性。慾不過節，則養性知足。凡此四者，弗求於外，弗假於人，反己而得矣。

野蠻時代之所慮，就是在上者的侈慾無度，動作不循理。其過於要好的，則又不免為無益的干涉。所以楊朱一派，要使人君自治其心，絕去感情，洞明事理，然後不做一件無益而有損的事。所以說："以若之治外，其法可暫行於一國，而未合於人心；以我之治內，可推之於天下。"話固然說得很精了。然而又說："善治外者，物未必治。善治內者，物未必亂。"未必亂是物自己不亂，並不是我把他治好的，設使物而要亂，我即善治內，恐亦將無如之何。固然，人人不損一毫，人人不利天下，天下治矣。然今天下紛紛，大多數都是利天下的人，因而又激起少數人要想摩頂放踵，以利天下。譬如集會之時，秩序大亂，人人烏合搶攘，我但閉目靜坐，何法使之各返其位，各安其位呢？如其提出這一個問題來，楊朱就將無以為答。然則楊朱的治天下，等於無術。他的毛病和老子的無為主義是一樣的。他們還是對於較早的時代的目光。此時的社會，人民程度很低，還沒有"為"的資格。所慮的，是在上的人領導着他去"為"。老子、莊周的話，到這種社會裏去說，是比較有意思的。到春秋戰國時，則其社會的"為"，已經很久了；不是化而欲作，而是已化而作了；還對他說無為，何益？

三、墨家

墨家之道原於禹，這句話是不錯的。一者《墨子》書中屢次提起夏禹；二者墨子所定的法度，都是原出於夏的。詳見孫星衍《墨子後序》。

儒家說夏尚忠，又說夏之政忠。忠便是以忠實之心對人；不肯損人以利己，還要損己以利人。夏朝時代較早，大約風氣還很誠樸。而且其時遭遇水患，自然可以激起上下一體，不分人我的精神，和後來此疆彼界的情形大不相同。由此道而推之，則為"兼愛"。兼愛是墨學的根本。至其具體的辦法，對內則為貴儉，對外則為非攻。

要明白貴儉的意思，首須知道古代的社會和後世不同。後世習慣於私有財產久了，人家沒有而我有，公家窮困而私人奢侈，是絲毫不以為奇的。春秋戰國時代則不然。其時的社會，去公產之世未遠。困窮之日，須謀節省；要節省，須合上下而通籌；這種道理，還是人人懂得的；即其制度，也還有存在的。譬如《禮記‧曲禮》說："歲凶，年穀不登，君膳不祭肺，馬不食穀，馳道不除，祭祀不縣，大夫不食粱，士飲酒不樂。"〈玉藻〉說："至於八月不雨，君不舉"等都是。衛為狄滅，而文公大布之衣，大帛之冠；齊頃公敗於鞍，而七年不飲酒，不食肉；都是實行此等制度的。就越勾踐的臥薪嘗膽，怕也是實行此等制度，而後人言之過甚。然則墨子所主張的，只是古代凶荒札喪的變禮，並不是以此為常行之政，說平世亦當如此。莊子駁他說："其道大觳"，"反天下之心"，使人不堪，只是說的夢話。（不論人家的立場，妄行攻駁，先秦諸子，往往有此病）貴儉的具體辦法是節用，古人的葬事，靡費得最利害，所以又要說節葬。既然貴儉，一切圖快樂求舒適的事，自然是不該做的，所以又要非樂。

隆古之世，自給自足的農業共產社會，彼此之間是無甚衝突的，所以也沒有爭戰之事，這便是孔子所謂"講信修睦"。後來利害漸漸的衝突了，戰爭之事就漸起。然而其社會去正常的狀態還未遠，也不會有甚麼殘殺擄掠之事，這便是儒家所謂"義兵"。義兵之說，見於《呂氏春秋》的〈孟秋紀〉、《淮南子》的〈兵略訓〉，這決不是古代沒有的事。譬如西南的土司，互相攻伐，或者暴虐其民，王朝的中央政府出兵征討，或易置其酋長，或逕代流官，如果止於如此而已，更無他種目的，豈非弔民伐罪？固然，此等用兵很難保軍士沒有殘殺虜掠的事。然而這是後世的社會，去正常的狀態已久，已經有了要殘殺虜掠的人；而又用他來編成軍隊之故。假使社會是正常的，本來沒有這一回事，沒有這一種人，那末，當征伐之際，如何會有殘殺虜掠的行為呢？就是在後世，當兵的人已經喜歡殘殺虜掠了，然而苟得良將以御之，仍可以秋毫無犯。不正常的軍隊，而偶得良將，還可以秋毫無犯，何況正常的社會中產生出來的正常的軍隊呢？所以義兵決不是沒有的事。再降一步，就要變成侵略的兵了。此等兵，其主要的目的只是爭利，大之則爭城爭地，小之則爭金玉重器；次之則是鬥氣，如爭做霸主或報怨之類。此等用兵，沒有絲毫正當的理由。然而春秋戰國時代的用兵，實以此類的動機為最多。所以墨子從大體上判定，說攻是不義的。既以攻為不義，自然要承認救守是義的了。墨子的話，不過救時之論，和我們現在反對侵略，主張弱小民族自決等一般。人類到底能不能不用兵呢？用兵到底本身是件壞事情，還是要看怎樣用法的呢？這些根本問題，都不是墨子計慮所及。拿這些根本問題去駁墨子，也只算是夢話。

在春秋戰國時代，有一個共同的要求，是定於一。當時所怕的，不但是君、大夫對人民肆行暴虐，尤其怕的是國與國、家與家之間爭鬥不絕。前者如今日政治的不良，後者如今日軍人的互相爭鬥。兩者比較起來，自然後者詒禍更大了。欲除此弊，希望人民出來革命，是沒有這回事的。所可希望的，只是下級的人能服從上級，回復到封建制度完整時代的秩序。此義是儒、墨、名、法諸家共同贊成的。墨家所表現出來的，便是尚同。

當東周之世，又是貴族階級崩潰，官僚階級開始抬頭的時代。任用官僚，廢除貴族，怕除貴族本身外，沒有不贊成的。儒家所表現出來的是譏世卿，法家所表現的是貴法術之士，墨家所主張的則為尚賢。

墨子主張行夏道，自然要想社會的風氣回復到夏代的誠樸。其致此的手段，則為宗教。所以要講天志、明鬼。天和鬼都要有意識，能賞罰的，和哲學上的定命論恰恰相反；定命論而行，天志、明鬼之說就被取消了。所以又要非命。

墨子的時代，《史記》說：“或曰並孔子時，或曰在其後。”這話大約不錯的。墨子只該是春秋末期的人。再後，他的思想就不該如此陳舊了（農家道學的說法，固然更較墨家為陳舊，然只是稱頌陳說，墨子則似乎根據夏道，自己有所創立的）。然而墨子的思想，也是夠陳舊了的。

　　以墨子之道來救時，是無可非議的，所難的，是他這道理如何得以實行？希望治者階級實行麼？天下只有天良發現的個人，沒有天良發現的階級；只有自行覺悟的個人，沒有自行覺悟的階級；所以這種希望只是絕路，這固然是諸家的通病。然而從墨子之道，治者階級所要實行的條件，比行別一家的道，還要難些。所以墨子的希望，似乎也更難實現些。墨子有一端可佩服的，便是他實行的精神。孟子說他能摩頂放踵以利天下。《淮南子》說墨子之徒百八十人皆可使之赴湯蹈火，死不旋踵。這些話，我們是相信的。我嘗說：儒、俠是當時固有的兩個集團。他們是貴族階級失其地位後所形成的——自然也有一部分新興的地主，或者工商階級中人附和進去，然而總是以墮落的貴族為中堅——他們的地位雖然喪失了，一種急公好義、抑強扶弱和矜重人格的風氣還在。因其天性或環境而分成尚文與尚武兩派。孔子和墨子，只是就這兩個集團施以教育。天下唯有團體，才能夠有所作為。羅素說：“中國要有熱心的青年十萬人，團結起來，先公益而後私利，中國就得救了。”就是這種意思。孔子和墨子都能把一部分人團結起來了，這確是古人的熱心和毅力可以佩服之處。然而如此，就足以有為了麼？須知所謂“化”，是兩方面都可以做主動，也都可以成被動的。這些道術之士，都想以其道移易天下；他的徒黨，自然就是為其所化的人；他和他的信徒，自然總能將社會感化幾分；然而其本身，也總是受社會風氣感化的。佛陀不是想感化社會的麼？為甚麼現在的和尚，只成為吃飯的一條路？基督不是想感化社會的麼？為甚麼中國稱信教為吃教？固然，這是中國信道不篤的人，然使教會裏面絲毫沒有財產，現在熱心傳教之士，是否還不遠千里而來呢？也是一個疑問。我們不敢輕視宗教徒，其中熱心信仰傳佈的人，我相信他是真的，也相信他是無所為而為之的，然而總只是少數。大多數人，總是平凡的，這是我所敢斷言的。所以憑你本領大、手段高，結合的人多而且堅固，一再傳後，總平凡化了，總和普通的人一致了。儒者到後來，變做貪於飲食，惰於作務之徒；墨者到後來，也不看見了，而只有漢時的所謂遊俠，即由於此。當孔子周遊列國之時，豈不說："如有用我者，三千弟子，同時登庸，遍佈於天下，天下豈不大治？"然而人在得志後的變化，是很難料的。在宰予微時，安知其要晝寢呢？從漢武帝以後，儒者的被登庸，可說是很多了。孔子周遊列國時所希望的，或亦不過如此。然而當時的儒者是怎樣呢？假使墨子得勢，赴湯蹈火之士，安知不變作暴徒？就使不然，百八十人，總是不夠用的；到要擴充時，就難保投機分子不混進來了。所以墨子救世的精神，是很可佩服的，其手段則不足取。

四、儒家、陰陽家

　　儒家的書，傳於後世的多了，其政治思想，可考見的也就多，幾於講之不可勝講。好在儒家之道，在後世最盛行。其思想，幾於成為普通思想，人人可以懂得。所以也不必細講，只要提綱挈領的講一講就夠了。

　　儒家的思想，大體是怎樣呢？

他有他所想望的最高的境界，這便是所謂"大順"。《禮記·樂記》："夫古者，天地順而四時當，民有德而五穀昌，疾疢不作而無妖祥，此之謂大當。"〈禮運〉："故事大積焉而不苑，並行而不繆，細行而不失，深而通，茂而有間，連而不相及也，動而不相害也，此順之至也。"

簡而言之，是天下的事情，無一件不妥當；兩間之物，無一件不得其所。如此理想的境界，用甚麼法子去達到他呢？儒者主張根據最高的原理，而推之於人事，所以說：《易》本隱以之顯，《春秋》推見至隱。

《易》是儒家所認為宇宙的最高原理的。推此理以達諸人事，所謂本隱以之顯。《春秋》是處置人事的法子。人事不是模模糊瑚，遇着了隨便對付的。合理的處置方法，是要以最高原理為根據的。所以說推見至隱。

宇宙最高的原理，儒家稱之為"元"，所以《易經·乾卦象辭》說："大哉乾元，萬物資始，乃統天。"

聖人所以能先天而天弗達，就因其所作為，係根據這一種最高原理。何邵公《公羊解詁》解釋"元年春王正月"的意義道："春秋以元之氣，正天之端；以天之端，正王之政；以王之政，正諸侯之即位；以諸侯之即位，正竟內之治。"

王根據着宇宙最高的原理以行政事，而天下的人都服從他，這便是合理之治實現的方法。

合理之治，是可以一蹴而就的呢？還是要積漸而致的呢？提起這一個問題，就要想到《春秋》"三世"之義，和〈禮運〉"大同”、“小康”之説。春秋二百四十年，分為三世：第一期為亂世，第二期為升平世，第三期為太平世，是各有其治法的。孔子的意思，是希望把亂世逐漸治好，使之進於升平，再進於太平。據〈禮運〉之説，孔子似乎承認邃古時代，曾經有一個黃金世界。這個世界，就是孔子所謂大同，其後漸降而入小康。小康以後，孔子雖沒有説，然而所謂大同者，當與《春秋》的太平世相當，這是無疑義的。然則小康以後，就是《春秋》所謂亂世，也無可疑的了。所以孔子是承認世界從大同降到小康，再降到亂世，而希望把他從亂世逆挽到升平，再逆挽到太平的。

凡思想，總不能沒有事實做根據。中國的文化，是以農業共產社會的文化做中心的，前一講中已經述及。此等農業共產的小社會因其階級的分化還未曾顯著，所以其內部極為平和；而且因社會小，凡事都可以看得見，把握得住，所以無一事不措置得妥帖。孔子所謂大同，大約就是指此等社會言之。其所希望的太平，亦不過將此等治法，推行之於天下；把各處地方，都造成這個樣子。這自然不是一蹴而就的。所以從亂世進到太平，中間要設一個升平的階段，所謂升平，就是小康。小康是封建制度的初期。雖因各部落互相爭鬥，而有征服者、被征服者之分，因而判為治人和治於人，食人和食於人的兩個階級；然而大同時代，內部良好的規制還未盡破壞，總還算得個“準健康體”，這些話，前一講中亦已述及。孔子所認為眼前可取的途徑，大約就是想回復到這一個時代。所以孔子所取的辦法，是先回復封建完整時代的秩序。

孔子論治，既不以小康為止境，從小康再進於大同的辦法，自然也總曾籌議及之。惜乎所傳者甚少了。

從亂世進入小康的辦法，是怎樣呢？

從來讀儒家的書的，總覺得他有一個矛盾，便是他忽而主張君權，忽又主張民權。主張君權的，如《論語・季氏》篇所載，禮樂征伐，一定要自天子出；自諸侯出，已經不行；自大夫出，陪臣執國命，就更不必說了。主張民權的，如孟子說民為貴，社稷次之，君為輕；又說聞誅一夫紂矣，未聞弒君也；也說得極為激烈。近四十年來，不論是革命鉅子，或者宗社黨、遺老，都可以孔子之道自居，這真極天下之奇觀了。然則儒家的思想，到底怎樣呢？關於這個問題，我以為並不是儒家的思想有矛盾，而是後世讀書的人不得其解。須知所謂"王"與"君"，是有區別的。

怎樣說"王"與"君"有區別呢？案荀子說："君者，善群也。群道當，則萬物皆得其宜，六畜皆得其長，群生皆得其命。"君怎能使萬物如此呢？那就得如班固《漢書・貨殖傳序》所說（這一類材料，古書中不勝枚舉，現在只是隨意引其一）：

昔先王之制：自天子、公、侯、卿、大夫、士，至於皂隸、抱關、擊柝者，其爵祿奉養、宮室、車服、棺槨、祭祀、死生之制，各有差品，小不得僭大，賤不得逾貴。夫然，故上下序而民志定。於是辨其土地、川澤、丘陵、衍沃、原隰之宜，教民種樹畜養；五穀六畜及至魚鱉、鳥獸、雚蒲、材幹、器械之資，所以養生送終之具，靡不皆育。育之以時，而用之有節。草木未落，斧斤不入於山林；豺獺未祭，罝網不佈於墝澤；鷹隼未擊，矰弋不施於徯隧。既順時而取物，然猶山不槎蘗，澤不伐夭，蟓魚麛卵，咸有常禁。所以順時宣氣，蕃阜庶物，蓄足功用，如此之備也。然後四民因其土宜，各任智力，夙興夜寐，以治其業，相與通功易事，交利而俱贍，非有徵發期會，而遠近咸足。故《易》曰：后以財成輔相天地之宜，以左右民。

這便是《荀子》所謂"天有其時，地有其利，人有其治，夫是之謂能參。"亦即《中庸》所謂"能盡其性，則能盡人之性；能盡人之性，則能盡物之性；能盡物之性，則可以贊天地之化育；可以贊天地之化育，則可以與天地參。"言治至此，可謂毫髮無遺憾了。然而所謂原始的"君"者，語其實，不過是一個社會中的總賬房——總管理處的首領——賬房自然應該對主人盡責的。不盡責自然該撤換；撤換而要抗拒，自可加以實力的制裁。這便是政治上所謂革命，絲毫不足為怪。遍翻儒家的書，也找不到一句人君可以虐民，百姓不該反抗的話。所以民貴君輕，征誅和禪讓，一樣合理，自是儒家一貫的理論，毫無可以懷疑之處。至於原始的"王"，則天下歸往謂之"王"，只是諸侯間公認的首領。他的責任在於：（一）諸侯之國內部有失政，則加以矯正；（二）其相互之間若有糾紛，則加以制止或處理。這種人，自然希望他的權力伸張，才能使列國之間免入於無政府狀態，專恃腕力鬥爭，其內部則肆無忌憚，無所不為，以為民害。沒有王，就是有霸主，也是好的；總勝於並此而無有；所以五霸次於三王。君是會虐民的，所以要主張民權；諸侯則較難暴虐諸侯，如其間有強凌弱，眾暴寡的事，則正要希望霸王出來糾正；所以用不着對於天子而主張諸侯之權，對於諸侯而主張大夫之權。這是很明顯的理論，用不着懷疑的。王與君的有區別，並不是儒家獨特的議論，乃是當時社會上普通的見解。戰國之世，衛嗣君曾貶號為君。五國相王，趙武靈王獨不肯，曰："無其實，敢處其名乎？"令國人謂己曰君。[7] 就因為只管得一國的事，沒有人去歸往他之故。春秋之世，北方諸國莫敢稱王，吳楚則否，就因有人去歸往他之故。《史記・越王勾踐世家》說：越亡之後，"諸族子爭立，或為王，或為君，濱於江南海上，服朝於楚。"服朝於人的人，也可以稱王，便見吳楚的稱王，不足為怪了（天無二日，民無二王，是儒家的理想，不是古代的事實。在事實上，只要在一定的區域中，沒有兩個王就行了）。

臣與民是有區別的。臣是被征服的人，受征服階級的青睞，引為親信，使之任某種職務，因而養活他的。其生活，自然較之一般被征服者為優裕，甚至也加以相當的敬禮（如國君不名卿老世婦之類）。為之臣者，感恩知己，自然要圖相當的報稱。即使沒有這種意氣相與的關係，而君為甚麼要任用臣？臣在何種條件之下，承認君的任用自己？其間也有契約的關係，契約本來是要守信義的，所以說事君"先資其言，拜自獻其身，以成其信"；"是故君有責於其臣，臣有死於其言。"[8] 君臣的關係，不過如此。

7　見《史記・趙世家》。

8　見《禮記・表記》。

"謀人之軍師，敗則死之；謀人之邦邑，危則亡之。"[9] 就不過是守信的一種。至於"生共其樂，死共其哀"，[10] 則已從君臣的關係進於朋友，非凡君臣之間所有了。這是封建時代的君臣之義，大約是社會上所固有的。儒家進一步而承認臣對於君自衛的權利。所謂"君之視臣如草芥，則臣視君如寇仇；寇仇，何服之有？"[11] 這是承認遇見了暴君，人臣沒有效忠的義務的。再進一步，則主張臣本非君的私人，不徒以效忠於君為義務。所謂"有安社稷臣者，以安社稷為悅"；[12] "若為己死而為己亡，非其私昵，誰敢任之？"[13] 這是儒家對於君臣之義的改善。君臣尚且如此，君民更不必説了。古代的人，只知道親族的關係，所以親族以外的關係，也以親族之道推之，所以以君臣和父子等視；所以説臣弒其君，子弒其父，是人倫的大變。然而既已承認視君如寇仇，則弒君之可不可，實在已成疑問；臣且如此，民更不必説了。——在古代，本亦沒有民弒其君這句話。儒家君、臣、民之義，明白如此。後世顧有以王朝傾覆，樵夫牧子捐軀殉節為美談的，那真不知是從何而來的道理了。

儒家是出於司徒之官的，司徒是主教之官，所以儒家也最重教化。這是人人能明白的道理，用不着多講。所當注意的，則

---

9 見《禮記‧檀弓》。

10 秦穆公和三良結約的話。見《韓詩外傳》。

11 《孟子‧離婁下》。

12 《孟子‧盡心上》。

13 齊莊公死後晏子説的話，見《左傳》。

（一）儒家之言教化，養必先於教。"救死而恐不贍，奚暇治禮義哉？"生活問題如沒有解決，在儒家看起來，教化兩字，簡直是無從談起的。（二）儒家養民之政，生產、消費、分配，三者並重，而其視消費和分配，尤重於生產。因為民之趨利，如水就下，只要你不去妨害他，他對於生產，自然會盡力的，用不着督促，倒是分配而不合理，使人欲生產而無從；消費而不合理，雖有一部分盡力於生產的人，亦終不能給足；而且奢與惰相連，逾分的享用，會使人流於懶惰。所以制民之產和食之以時，用之以禮，同為理財的要義，不可或缺。（三）所謂教化，全是就實際的生活為之軌範。譬如鄉飲酒禮，是所以教悌的；鄉射禮，是所以教讓的；都是因人民本有合食會射的習慣，因而為之節文，並非和生活無關的事，硬定出禮節來，叫人民照做；更非君與臣若干人，在廟堂之上，像做戲般表演，而人民不聞不見。[14] 這三點，是後世的人頗欠注意的；至少對於此等關係，看得不如古人的清澈。

儒家又有通"三統"之說。所謂通三統，是封前代的二王之後以大國，使之保存其治法，以便自己的治法不適宜時，取來應用。因為儒者認為"三王之道若循環，終而復始。"所謂三王之道若循環，便是：

夏之政忠。忠之敝，小人以野，故殷人承之以敬。敬之敝，小人以鬼，故周人承之以文。文之敝，小人以薄，故救薄莫若以忠。[15]

14　可參見《唐書‧禮樂誌序》。

15　《史記‧高祖本紀》。薄，今本做僿，徐廣曰"一作薄。"今從之。

　　儒家一方面兼採四代之法，以為創立制度的標準，而於施政的根本精神，則又斟酌於質文二者之間，其思慮可謂很周密了。所謂四代，就是虞、夏、殷、周。虞、夏的治法，大概是很相近的，所以有時也說三代。孔子兼採四代之法，讀《論語・衛靈公》顏淵問為邦一節，最可見之。孔子答顏淵之問，是"行夏之時，乘殷之輅，服周之冕，樂則韶舞。"並不是為邦之事盡於此四者，這四句乃是兼採四代，各取所長之意。孔子論治國之法，總是如此的，散見經、傳中的，不勝枚舉。這是他精究政治制度，而又以政治理論統一之的結果。以政治思想論，是頗為偉大的。這不但儒家如此，就陰陽家也是如此。

　　陰陽家之始，"行夏之時"一句話，就足以盡其精義。陰陽家是出於羲和之官的，是古代管天文曆法的官。古代生計，以農為本，而農業和季節關係最大，一切政事，不論是積極的、消極的，都要按着農業的情形，以定其施行或不施行。其具體的規則，略見於《禮記》的〈月令〉、《呂氏春秋》的〈十二紀〉、《管子》的〈幼宮〉、《淮南子》的〈時則訓〉。這四者是同源異流、大同小異的。顏淵問為邦，孔子所以要主張行夏之時，因為行夏時，則（一）該辦的事，都能按時興辦；（二）不該辦的事，不致非時舉行。好比在學校裏，定了一張很好的校曆，一切事只要照着他辦，自然沒有問題了。孔子所以主張行夏之時是為此，並非爭以建寅之月為歲首。空爭一個以某月為歲首，有甚麼意義呢？陰陽家本來的思想，亦不過如此。這本是無甚深意的，說不上甚麼政治思想。至於政令為甚麼不可不照着這個順序行，則他們的答案是天要降之以罰。所謂罰，就是災異，如《月令》等書有載，春行夏令，則如何如何之類，這並不離乎迷信，更足見其思想的幼稚了。但是後來的陰陽家，卻不是如此。

陰陽家當以鄒衍為大師。鄒衍之術《史記》說他：

深觀陰陽消息而作怪迂之變，《終始》《大聖》之篇，十餘萬言。其語閎大不經，必先驗小物，推而大之，至於無垠。先序今以上至黃帝，學者所共術。大並世盛衰。因載其禨祥度制，推而遠之，至天地未生，窈冥不可考而原也。……稱引天地剖判以來，五德轉移，治各有宜，而符應若茲。

鄒衍的五德終始，其意同於儒家的通三統。他以為治法共有五種，要更迭行用的。所以《漢書・嚴安傳》引他的話，說：

政教文質者，所以云救也。當時則用，過則捨之，有易則易之。

其意躍然可見了。《史記》說衍之術迂大而閎辨，奭也文具難施，則鄒奭並曾定有實行的方案，惜乎其不可見了。陰陽家的學說，缺佚太甚，因其終始五德一端和儒家的通三統相像，所以附論之於此。核其思想發生的順序，亦必在晚周時代，多見歷代的治法，折衷比較，然後能有之。然其見解，較之法家，則又覺其陳舊。所以我以為他是和儒家同代表西周時代的思想的。

儒家的政治思想，是頗為偉大周密的，其缺點在甚麼地方呢？那就在無法可以實現。儒家的希望，是有一個"王"，根據着最高的原理，以行政事，而天下的人，都服從他。假如能夠辦到，這原是最好的事。但是能不能呢？其在大同之世，社會甚小，事務既極單簡，利害亦相共同，要把他措置得十分妥帖，原不是件難事。但是這種社會，倒用不着政治了——也可以說本來沒有政治的。至於擴而大之，事務複雜了，遍知且有所不能，何從想出最好的法子來？各方面的利害，實在衝突得太甚了，調和且來不及，就有好法子，何法使之實行？何況治者也是一個人，也總要顧着私利的。超越私人利害的人，原不能說是沒有，但治天下決不是一個人去治，總是一個階級去治，超越利害的私人，則聞之矣，超越利害之階級，則未之聞。所以儒家所想望的境界，只是鏡花水月，決無實現的可能。儒家之誤，在於謂無君之世的良好狀態，至有君之世還能保存；而且這個“君道”，只要擴而充之，就可以做天下的“王”。殊不知儒家所想望的黃金世界，只是無君之世才有，到有君之世，就不是這麼一回事了。即使退一步說有君之世，也可以有一個“準健康體”，我們的希望就姑止於是，然而君所能致之治，若把“君”的地位抬高擴大而至於“王”，也就無法可致了。因為治大的東西，畢竟和小的不同；對付複雜的問題，到底和簡單的不同。所以儒家的希望，只是個鏡花水月。

五、法家

法家之學，在先秦諸子中是最為新穎的。先秦諸子之學，只有這一家見用於時；而見用之後，居然能以之取天下；確非偶然之事。

法家之學，詳言之，當分為法、術兩端，其說見於《韓非子》的〈定法篇〉。法術之學所以興起，依我看來，其理由如下：

（1）當春秋之世，列國之間互相侵奪；內之則暴政亟行；當此之時，確有希望一個霸或王出來救世的必要。——後來竟做到統一天下，這是法家興起之時所不能豫料的。法家初興之時，所希望的亦不過是霸或王。而要做成一個霸或王，則確有先富國強兵的必要。要富國強兵，就非先訓練其民，使之能為國效力不可。這是法家之學之所以興起的原因。

（2）一個社會中，和一人之身一樣的，不可有一部分特別發達。一部分特別發達，就要害及全體了。然社會往往有此病——社會中特別發達的一部分，自然是所謂特權階級。國與民的不利，都是這一階級所為。法家看清了這一點，所以特別要想法子對付他。

法家主要的辦法，在“法”一方面，是“一民於農戰”。要一民於農戰，當然要抑商賈，退遊士。因為商賈是剝削農民的，商賈被抑，農民的利益才得保全。國家的爵賞有限，施之於遊士，戰士便不能見尊異。“術”一方面的議論，最重要的是“臣主異利”四個字。這所謂“臣”，並不是指個人，而是指一個階級。階級，在古人用語中，謂之朋黨。朋黨並不是有意結合的，只是“在某種社會中，有某種人，在某一方面，其利害處於共同的地位；因此有意的，無意的，自然會做一致的行動。”不論甚麼時代、甚麼社會裏，總有一個階級，其利害是和公益一致的。公共的利益，普通人口不能言，而這一階級的人，知其所在；普通人沒有法子去達到，而這一階級的人，知其途徑，能領導着普通人去趨赴；他們且為了大眾，而不恤自己犧牲。這一個階級，在這個時

代就是革命的階級。社會的能否向上，就看這一個階級能夠握權
周否。這一個階級，在法家看起來，就是所謂"法術之士"。

法家認為只有法術之士，能夠不恤犧牲，實行法術之學。法
家本此宗旨，實行起來，則其結果為：

（一）官僚的任用。這是所以打倒舊貴族的。李斯《諫逐客書》
庸或言之過甚，然而秦國多用客卿，這確是事實。《荀子·強國》
篇說：

> 入秦……及都邑官府，其百吏肅然，莫不恭儉敦敬忠信而不
> 楛，古之吏也。入其國，觀其士大夫。出於其門，入於公門，出於
> 公門，歸於其家，無有私事也；不比周，不朋黨，偶然莫不明通而
> 公也；古之士大夫也。觀其朝廷，其間聽決百事，不留，恬然如無
> 治者，古之朝也。

這就是多用草茅新進之士的效驗，腐敗的舊貴族，萬辦不到
的。秦國政治的所以整飭，就得力於此。

（二）國民軍的編成。古代造兵之法有兩種：其一如《管子》
所述軌里連鄉之制。有士鄉，有工商之鄉。作內政寄軍令之法，
專施之於士鄉，工商之鄉的人並不當兵。此法兵數太少，不足以
應付戰國時的事勢。其二是如《荀子·議兵》篇所述魏國之法。
立了一種標準，去挑選全國強壯的人當兵。合格的，就復其戶，
利其田宅。這種兵是精強了。然而人的勇力是數年而衰的，而復
其戶，利其田宅的利益，不能遽行剝奪。如此，要編成多數的兵，
則財力有所不給；若要顧慮到財政，則只好眼看着兵力的就衰。
所以這種兵是強而不多，甚至於並不能強。只有秦國的法，刑賞

並用，使其民非戰無以要利於上，才能造成多而且精的兵。秦國吞併六國時，其兵鋒東北到遼東，東南到江南。其時並不借用別地方的兵，都是發關中的軍隊出去打的。這是何等強大的兵力？秦人這種兵力，都是商君變法所造成。

以上兩端，是法術之學應用到實際的效果。法家的長處，在於最能觀察現實，不是聽了前人的議論就終身誦之的。所以他在經濟上的見解，也較別一家為高超。儒家主張恢復井田，他則主張開阡陌。儒家當商業興起之世，還說"市廛而不稅，關譏而不徵。"[16] 他則有輕重之說：主張將（一）農田以外的土地——山澤，和（二）獨佔的大企業——鹽鐵，收歸國營；而（三）輕重斂散和（四）借貸，亦由國家操其權；免得特殊階級借此剝削一般人。輕重之說，不知當時曾否有個國家實行？開阡陌一事，雖然把古來的土地公有制度破壞了，然而照我們的眼光看，土地公有之制，在實際是久經破壞了的，商君不過加以公開的承認；而且在當時，一定曾借此施行過一次不回復舊法的整理。這事於所謂"盡地力"，是很有效的，該是秦國致富的一個大原因。

法家的政策如此，至其所以行之之道，則盡於"法自然"三字。法自然含有兩種意義。其一自然是冷酷的，沒有絲毫感情攙雜進去，所以法家最戒釋法而任情。其二自然是必然的，沒有差忒的，所以要信賞必罰。

法家之學，在先秦諸子中是最新穎的，最適合於時勢的，看

16 見《禮記‧王制》。

上文所説，大略可以知道了。但法家之學，亦自有其落伍之處。落伍之處在哪裏呢？便是不知道國家和社會的區別。國家和社會不是一物，在第二講中早已説過了。因此，國家和社會的利益，只是在一定的限度內是一致的，過此以往，便相衝突。國家是手段，不是目的。法家不知此義，誤以為國家的利益，始終和社會是一致的。社會的利益，徹頭徹尾，都可用國家做工具去達到，就有將國權擴張得過大之弊。秦始皇既併天下之後，還不改變政策，這是秦朝所以滅亡的大原因。這種錯誤，不是秦始皇個人的過失，也不是偶然的事實；而是法家之學必至的結果。所以説法家的思想，也是落伍的。這一層道理，説起來話很長，現在僅粗引其端，其詳細，講到將來，自然更可明白。

　　“名”、“法”二字，在古代總是連稱的。名家之學，如惠施、公孫龍等，所説很近乎詭辯；至少是純粹研究哲理的，如何會和法家這種注重實用的學問發生密切的關係呢？關於這個問題，我的意見如此：禮是講究差別的。為甚麼要差別，該有一個理論上的根據，從此研求，便成名家之學；而法家之學，是要講綜核名實的。所謂綜核名實，含有兩種意義：（一）察其實，命之以名。如白的稱他為白，黑的稱他為黑；牛呼之為牛，馬呼之為馬。此理推之應用，則為因才任使，如智者使之謀，勇者使之戰。（二）循其名，責其實。有謀的責任的，不該無所用心；有戰的責任的，不該臨陳奔北。如此當加之以罰，能盡職則加之以賞。名家玄妙的理論，雖和法家無關，而其辨別名實的精細，則於法家的理論深有裨益，所以法家亦有取於名家。名家關涉政治的一方面，已為法家所包含。其玄妙的一部分，則確與政治無關，所以現在不再講述。還有兵家，亦不是單講戰守的，其根本問題亦往往涉及治國。這一部分，亦已包含於法家之中，所以今亦不述。

第五講

秦漢時代的社會

秦以前的政治和周以前不同，是誰都會説的。然則其不同之處究竟安在呢？

秦始皇併天下後，令丞相御史説：天下大定，而名號不更，無以稱成功，傳後世。命他們議自己的稱號，丞相御史等議上尊號的奏，亦説他“平定天下，海內為郡縣，法令由一統，自上古以來未嘗有，五帝所不及。”後來趙高弒二世，召集諸大臣公子説：“秦故王國，始皇君天下，故稱帝。今六國復自立，秦地益小，乃以空名為帝，不可。宜為王如故。”於是立公子嬰為秦王。據此看來，當時的人，對於皇和帝的觀念確是不同的。其異點，就在一“君天下”，一不君天下。當春秋時代和戰國的前半期，希望盡滅諸國，而自己做一個一統之君，這種思想大概還無人敢有。併吞六國，統一天下的思想，大概是發生於戰國末期的。前此大家所希望的，總不過是霸或王罷了。然而列國紛爭，到底不是蘇秦的合從所能加以團結；亦不是張儀的連衡所能息其兵戈；懸崖轉石之機，愈接愈厲，到底併作一國而後已。這可以説是出於前此政治家的慮外的。

帝政成功，則（一）內戰可息；（二）前此列國間經濟上的隔閡，亦可消除；如撤去列國時代所設的關，出入無需通行證。而且統一之後，對外的力量自然加強（中國未統一時，蒙古高原不曾有像漢以後匈奴等強大的遊牧民族，是中國的天幸）；這確較諸霸或王更為有利。但是帝政成功了，君政卻全廢墜了。

怎樣說帝政成功，而君政廢墜呢？原來“君者善群也”。他的責任，就是把一群中的事情，措置得件件妥帖。這話，在第四講論儒家時業經說過了。原始的君，固未必人人能如此，然以其時的制度論，則確是可以如此的。所以只要有仁君，的確可以希望他行仁政。原來封建政體，即實行分封制的貴族政體中，保留有原始“君”的制度的殘餘，自從封建政體逐漸破壞，此種制度亦就逐漸變更了。

這話又是怎樣說呢？要明白這個道理，先要知道從封建到郡縣，在政治制度上是怎樣的一個變遷。我們都知道：秦漢時的縣名，有許多就是古代的國名。這許多縣，並不是起於秦的。前此地兼數圻的大國中，早已包含着不少了。這就是（一）從遠古相傳的國，被夷滅而成為大國中的一縣。這是縣的起原的一種。還有（二）卿大夫的采地，發達而成為縣（如《左氏》說晉國韓賦七邑，皆成縣之類）。（三）以及國家有意設立的（如商君併小鄉聚邑為縣）。此三者，雖其起源不同，而其實際等於古代的一個國則一。所以縣等於國，縣令等於國君。以次推之，則郡守等於方伯。然則大夫是甚麼呢？那就是秦漢時的三老、嗇夫、遊徼之屬了。士是甚麼呢？那就是里魁和什伍之屬了。後世都説縣令是親民之官，其實這不過和郡以上的官比較而云然；在實際，縣令還不是親民的。若鄉老以下諸職通統沒有，做縣令的也就無所施其技，雖欲盡其"君者善群"的責任而不得了。從秦漢以後，這種職守漸漸的沒落而寖至於無。所以做縣令的人，也一事不能辦；而只得以坐嘯臥治，花落訟庭閒，為為治的極則。縣令如此，郡以上的官，更不必説了。所以説："帝政成功，而君政廢墜"。

君政為甚麼會廢墜呢？於此，我們又得知道政治上階級變遷的情形。古代的治者階級是貴族。他的地位，是因用兵力征服被治者而得的。後世的治者階級是官僚，官僚是君主所任用的。封建政體的破壞，不但在列國的互相併吞，亦繫於一國之中世襲的卿大夫的撤廢。卿大夫撤廢，皆代之以官僚。滅國而不復封建，而代之以任免由己的守令，亦是如此。所以封建政體滅亡，而官僚階級就達於全盛。凡階級，總是要以其階級的利益為第一位的；而且總有一種理由，替維持階級利益做辯護（不一定是私意）。官僚階級裏並不是沒有好人；盡有顧全公眾的利益而肯犧牲自己的，但是總不免為其所處的地位所局限；以為欲維持其公益，非維持其時的社會組織不可，不肖的更不必説了。所以官僚階級的性質，從理論上説，往往是如此的：（一）所盡的責任，減至最小限度。（二）所得的利益，擴充至最大限度。

所謂利益，是包含（甲）權勢，（乙）物質上的收入；（乙）中又包含（A）俸祿，（B）一切因做官而得的收入。此種趨勢，其限制：是（a）在上者的督責，（b）在下者的反抗。除此之外，便要儘量的擴充了。所以怠惰和貪污，乃是官僚階級的本性，不足為怪。天下盡有不怠惰貪污的官，此乃其人不但具有官僚性質，而無害於官僚階級的性質，實係如此，猶之天下盡有不剝削生產者和消費者的商人，然以商業性質論，總是要以最低的價格買進，最低高的價格賣出的。

官僚不但指現任官吏，凡（一）志願做官，即準備以官為職業的人；與（二）無官之名，而與官相結托以牟利的人；都該算入官僚階級之內。至於（三）為官的輔佐的人，那更不必說了。此三項中，尤以第二項為重要。鄉職本來是人民自治的機關，其利益，該與人民一致的。官僚如欲剝削人民，鄉職是應該加以反抗的。然到後來，鄉職反多與官僚相結合以剝削人民，即由於官僚擴大，而將第二項人包含進去之故。如此，剝削人民的人就日益增多，政治上顧全全體利益的方面，就不得不加以制止。要設立許多監察官，去監察鄉老以下的自治職，是辦不到的，就只得乾脆把他廢掉。這是漢世很有權威的三老、嗇夫等職，到後來所以有名無實，甚至並其名而無之的原因。隋世禁鄉老聽訟，為其間之一大轉關。此等自治職既廢，與官相結托以剝削人民者，遂變為現在的土豪劣紳；而自治職之僅存其名者，則淪為廝養，其本身變為被剝削者。以上是說第二項人。至於第一項，即所謂讀書人。他們現在雖不做官，然而官僚階級的得以持續，所靠的實在是這一項人。而且官僚階級維護其階級的理論，亦從這一項人而出。所以其關係也是很重要的。這一項人，未必都得到官做，然而前述的第二項中，包含這一項人實甚多；而且很容易轉入第三項中的甲項。第三項，依其性質，再分為三類：即（甲）幕友，凡以學識輔助官者屬之。（乙）胥吏，為官辦例行公事。（丙）廝役，供奔走使令。（乙）之自利方法為舞文。（丙）之自利方法為敲詐。（甲）無與人民直接的機會，如欲剝削人民，必須與（乙）、（丙）或前述的第二項人聯合。然官吏的固位、邀寵、卸責的謀劃，大多出於甲類的人；而如干謁、行賄等事，甲類中人，亦可代為奔走。

凡一階級，當其初興之時，其利害總是和大多數被壓迫的人一致的。及其成功，即其取敵對階級的地位而代之之時，其利害便和大多數人相反了。官僚階級取貴族而代之，即係如此。當這時代大多數的人民，是怎樣呢？因為凡稍有才力的人，都升入官僚階級裏去了·官僚階級的數量，略有定限，自然有希望走進去而始終走不進的人。然而達得到目的與否是一事，抱這目的與否又是一事。他們雖始終走不進去，總還希望走進去，而決不肯退到平民這一方面來和官僚鬥爭。於是人民方面所剩的，就只是愚與弱。除掉以暴動為反抗外，就只有束手待斃（蘇東坡《誌林》論戰國任俠最能道破此中消息）。

在第二講中不是說過麼？凡社會總有兩條心的：即（一）公心，（二）私心。私心雖是要自利，公心總是要利人的。貴族虐民，而官僚階級出來和他反抗，就是公心的表現。即所謂法術之士。然則到官僚階級轉而虐民的時候，這種公心，到甚麼地方去了呢？不錯，公心是無時而絕的，但是公心要有一條表顯的路。在從前貴族階級跋扈時，法術之士——即官僚階級的前身，是作為君主為代表公心的機關，教他行督責之術，去打倒貴族階級的。這時候，官僚階級既代居貴族的地位，君主應即以其人之道，還治其人之身。但是理想是理想，事實是事實。理想的本性，總想做到十分，一落入事實界，就只能做到兩分三分了。君主所行的是政治，政治是實際的事務。凡實際的事務，總是帶有調和的性質的，即是求各種勢力的均衡。官僚和民眾的利益，是處於相反的地位的。而這兩個階級，都有相當的勢力，做君主的不但不能消滅哪一方面，並不能過於犧牲哪一方面，亦只得求其勢力的均衡。所以做君主的，也只能保障官僚的剝削平民，限於某一限度以內。過此以往，便不能為人民幫忙。從前官場中總流行着一種見解：“人民固應保護，做官的人，也該叫他有飯吃。”——譬如你為保護人民故，而裁撤官吏所得的陋規，官場中人就會把這話批評你——就是這種意識的表現。

所以在這時候的平民，自己是既愚且弱，不會辦甚麼事了。官吏在責任減至最小限度、權利擴至最大限度的原則下，不會來替你辦甚麼事的；而且你要自己辦事，還會為其所破壞。為甚麼呢？因為你會辦事，你的能力就強了；就會反抗官吏的誅求。而且你有餘款，照理，官吏是要榨取去的，怎會讓人民留着，謀你們的公益事務呢？如此，凡人民相生相養之事，在古代，由其團體自謀，而其後由人君代管其樞者，至此，乃悉廢墜而無人過問，而人民遂現出極蕭索的狀態。中國後世的人，都要謳思古代，這並不是無因的。因為表顯在古書中那種“百廢俱舉”，即人和人相生相養之事，積極的有計劃、有規模，而人不是在最小限度之下，勉強維持其生存的現象，在後世確乎是不可見了。在物質文明方面，總是隨着時代而逐漸進步的，在社會組織方面，則確乎是退步了。人，究竟在物質文明進步、社會組織退步的環境中所得的幸福多呢？還是在物質文明較低，社會組織合理的環境中所得的幸福多呢？這本是很難說的話。何況想像的人，總只注意到古代社會組織合理的一方面，而不甚注意到其物質不發達的一方面呢！謳歌古代，崇拜古代，又何足為怪呢？所以說：帝政成功，君政廢墜，實在是政治上的一個大變遷。

人，雖然和盲目的一般，不大會知道他自己所該走的路。然而經長時期的暗中摸索，也總會走上了該走的路。帝政的成功，君政的廢墜，既然是政治退化的大原因，人為甚麼不回到老路上去，把一個大帝國，再斫而小之呢？此則由於人類本來是要聯合的，無論從物質方面、精神方面講，都是如此，而且全世界未至於風同道一，則不能不分為許多民族和國家。異民族和異國家之間，是常有衝突的。有衝突，我們亦利於大。這是已成的大帝國，不能斫而小之的原因。國既不能斫而小之，而國之內又不能無利害衝突，則只有仰戴一個能調和各階級利害的君主，以希冀保持各階級間勢力的均衡了。帝政從秦滅六國之歲，至於亡清遜位之年，凡綿歷二千餘載，其原理即由於此。

然則當其時，在政治上，為人民的大害的就是官僚——用舊話說，可以說是士大夫階級。要治天下，就是要把這一個階級劃除，但是要把這一個階級劃除，除非人民自行覺悟奮起不可——君主只能調和於兩者之間，前面已經說過了——這是談何容易的事。所以這時代，所謂政治思想，亦都是官僚階級的政治思想。官僚階級的政治思想又是怎樣呢？凡是人的思想，總不免於落伍，這個道理，在第四講中已可明白。所以周秦的思想，在周秦之世，已經落伍了，而漢以後人還是沿襲着它，他們受時勢的影響而有所發展，可以分做三派：

其一，是看到人民的貧苦愚弱，而想要救濟他們的。卻沒有想到救濟人民，沒有這一個操刀代斫的階級。你叫他操刀，他就不代人家斫，而為着自己的目的斫了。

其二，是看到官僚階級的罪惡，想要對付他的。但是此時的官僚階級和前此的貴族階級不同，前此的貴族階級，已經走到末路了，所以有新興的官僚階級出來打倒他。此時的官僚階級則尚未至於末路，沒有新興的階級，所以他始終沒有被打倒。

其三，亦知道下級人民貧苦愚弱得可憐。但是社會的本身，複雜萬分，甚麼事都不是直情逕行。所能達其目的的，不但不能達其目的，還怕像斯賓塞所說的那樣：修理一塊失平的金屬板，就在凸處打一錐，凸處沒有平，別的地方倒又凹凸不平起來了。所以照這派人的意見，還是一事不辦的好。

這三派的思想，我們把他排列起來，則（一）左派：儒家。（二）中間派：法家。（三）右派：道家。

我們現在，卻先從道家講起。

第六講
漢代的政治思想

　　道家是漢定天下以後最早得勢的學派。他的思想我們可以蓋公和汲黯兩個人來做代表。蓋公之事，見於《史記・曹相國世家》。〈曹相國世家〉說，曹參以孝惠帝元年做齊國的丞相，此時天下初定，參盡召長老諸生，問所以安集百姓。諸儒以百數，言人人殊，參未知所定。聞膠西有蓋公善治黃老言，使人厚幣請之。蓋公為言治道貴清靜而民自定。曹參聽了他的話，相齊九年，齊國安集，大稱賢相。曹參後來做了漢朝的宰相，也還是用這老法子。《史記》上記載兩件事，最可見得當時道家的態度：

　　參去，屬其後相曰："以齊獄市為寄，慎勿擾也。"後相曰："治無大於此者乎？"參曰："不然。夫獄市者所以並容也，今君擾之，奸人安所容也？吾是以先之。"

　　為漢相國，舉事無所變更，一遵蕭何約束。擇郡國吏，木詘於文辭重厚長者，即召除為丞相史。吏之言文刻深欲務聲名者，輒斥去之。

　　於此，我們可以知道道家的得失。他的所謂"並容"裏面，實包含着無限的醜惡。不務絕奸人，而反求所以並容之，天下哪有這治法？然而卻能得到好聲名，這是何故？原來天下事最怕的是上下相蒙。大抵善為聲名的人，總是塗澤表面，而內容則不堪問。你叫他去治岳市，他在表面上替你把岳市治得很好了，便是你自己去查察，也看不出甚麼毛病來，然而實際可以更壞。為甚麼呢？（一）他會囑咐手下的人，說丞相要來查察甚麼甚麼事情——表面上的——你們要得當心些，暗中就可風示他，實際的事情拆爛污些不妨，甚至於公然囑咐，只要塗澤表面就夠了。如此，手下的人本來膽小不敢作弊的，就敢作弊了。本來老實不會作弊的，就會作弊了。（二）他可以威脅岳市中的人不敢舉發他的弊病，甚而還要稱頌他。（三）而他還可以得些物質上不正當的利益。所謂巧宦，其弊如此。所以用這一種人去治國，是舊弊未除，又生新弊。簡而言之，就是弊上加弊，弊＋弊＝2弊。倒不如用老實的人，他雖無能力改良事情的內容，倒也想不出法子來，或者雖想得出法子而也不敢去塗澤表面，這卻是弊＋0。所以從來用質樸無能的人，可以維持現狀，使其不致更壞，即由於此。這就是曹參的所以成功，豈但曹參，漢文帝所以被稱為三代後的賢君，也不外乎這個道理。所以後來漢武帝所做的事情，有許多並不能說是沒有理由，至少他對朝臣所說的吾欲云云，其所云云者，決不是壞話，然而汲黯看了，他就覺得很不入眼，要說他內多欲而外施仁義，奈何欲效唐虞之治了。

然則在中國歷史上，放任政策總得到相當的成功，確有其很大的理由。這種放任政策確也不能不承認他是有相當的長處。然而其長處，亦只是維持現狀而已，要説到改進治化就未免南轅北轍。試即以漢文帝之事為證。《史記・平準書》説：

> 至今上即位數歲，漢興七十餘年之間，國家無事，非遇水旱之災，民則人給家足，都鄙廩庾皆滿，而府庫餘貨財。京師之錢累巨萬，貫朽而不可校；太倉之粟，陳陳相因，充溢露積於外，至腐敗不可食；眾庶街巷有馬，阡陌之間成群，而乘字牝者擯而不得聚會。守閭閻者食粱肉，為吏者長子孫，居官者以為姓號，故人人自愛而重犯法，先行誼而後絀恥辱焉。當是之時，網疏而民富，役財驕溢，或至兼併，豪黨之徒，以武斷於鄉曲。

兼併總是行於民窮財盡之時的，果真人給家足，誰願受人的兼併？又誰能兼併人？然則《史記》所述富庶的情形，到底是真的呢，假的呢？從前有人説所謂清朝盛時的富庶，全是騙人的。不然為甚麼當時的學者如汪中、張惠言等，據其自述未達之時，會窮苦到這步田地，難道這些學者都是騙人的麼？我説兩方面的話，都是真的。大抵甚麼時代都有個不受人注意的階級，他就再困苦煞，大家還是不聞不見的。所謂政簡刑清，所謂人給家足，都只是會開口的、受人注意的階級，得些好處罷了。所以董仲舒説：

> 富者田連阡陌，貧者亡立錐之地，又顓川澤之利，筦山林之饒，荒淫越制逾侈以相高，邑有人君之尊，里有公侯之富。……貧民常衣牛馬之衣，而食犬彘之食。

晁錯也説：

> 今農夫五口之家，其服役者不過二人，其能耕者不過百畝，百

畝之收，不過百石。春耕夏耘，秋穫冬藏，伐薪樵，治官府，給繇役。春不得避風塵，夏不得避暑熱，秋不得避陰雨，冬不得避寒凍，四時之間，亡日休息。又私自送往迎來，弔死問疾，養孤長幼在其中。勤苦如此，尚復被水旱之災，急政暴虐，賦斂不時，朝令而暮改。當其有者半價而賣，亡者取倍稱之息，於是有賣田宅鬻子孫以償債者矣。而商賈大者積貯倍息，小者坐列販賣，操其奇贏，日遊都市，乘上之急，所賣必倍。故其男不耕耘，女不蠶織，衣必文采，食必粱肉，亡農夫之苦，有阡陌之得，因其富厚，交通王侯，力過吏勢，以利相傾，千里遊敖，冠蓋相望，乘堅策肥，履絲曳縞，此商人所以兼併農人，農人所以流亡者也。

觀此則《史記》所謂人給家足，是甚麼人，甚麼家，就很可以明白了，何怪其有兼併和被兼併的人呢？然則《漢書·刑法誌》說：

及孝文即位，躬修玄默，勸趣農桑，減省租賦，而將相皆舊臣，少文多質，懲惡亡秦之政，論議務在寬厚，恥言人之過失。化行天下，告訏之俗易，吏安其官，民樂其業，畜積歲增，戶口寖息，風流篤厚，禁網疏闊。選張釋之為廷尉，罪疑者予民，是以刑罰大省，至於斷獄四百，有刑錯之風。

這所謂禁網疏闊，就是《史記·平準書》所謂網疏；斷獄四百，並非天下真沒有犯罪的人，不過縱釋弗誅罷了。所縱釋的是何等樣人，也就可想而知了。所以歷代的放任政策，其內容是包含着無限的醜惡的。難怪儒家要主張革命了。

漢代儒家的思想，可以分為兩大端：一為均貧富，一為興教化。他們的均貧富，還是注意於平均地權，激烈的要逕行井田，緩和的則主張限民名田。他們對於經濟的發展認識是不足的，所以都主張重農抑商，主張返於自給自足時代經濟孤立的狀況。這個讀《鹽鐵論》的〈散不足〉篇最易見得。關於經濟問題，近來研究的人多了，書籍報章雜誌時有論述，大家都有些知道，現因時間短促，不再多講。現在且略述漢儒興教化的問題。

漢儒對於興教化，有一點其見解是遠出於後世人之上的。我們試看《史記‧叔孫通列傳》，當他要定朝儀的時候：

使徵魯諸生三十餘人。魯有兩生不肯行，曰："……今天下初定，死者未葬，傷者未起，又欲起禮樂。禮樂所由起，積德百年而後可興也。吾不忍為公所為，公所為不合古。"

這正和古人所謂"先富後教，樂事勸功，尊君親上，然後興學"同。所以漢人所謂興教化，其根本乃在於改制度。我們試看《漢書‧賈誼傳》載他的話說：

秦人家富子壯則出分，家貧子壯則出贅。借父耰鉏，慮有德色，母取箕帚，立而誶語；抱哺其子，與公並倨，婦姑不相說，則反脣而相稽。其慈子耆利，不同禽獸者亡幾耳。……天下大敗，眾掩寡，知欺愚，勇威怯，壯陵衰，其亂至矣。……其遺風餘俗，猶尚未改，今世以侈靡相競，而上亡制度，棄禮義，捐廉恥，日甚，可謂月異而歲不同矣。逐利不耳，慮非顧行也，今其甚者，殺父兄矣。盜者剟寢戶之簾，搴兩廟之器，白晝大都之中，剽吏而奪之金，矯偽者出幾十萬石粟，賦六百餘萬錢，乘傳而行郡國，此其亡行義之尤至者也。

可謂痛切極了。而他又説：

而大臣特以簿書不報，期會之間，以為大故。至於俗流失，世敗壞因恬而不知怪，慮不動於耳目，以為是適然耳。夫移風易俗，使天下回心而鄉道，類非俗吏之所能為也。……夫立君臣，等上下，使父子有禮，六親有紀，此非天之所為，人之所設也。夫人之所設，不為不立，不植則僵，不修則壞。

他之所謂設則是：

以為漢興二十餘年，天下和洽，宜（今"義"字）當改正朔，易服色制度，定官名，興禮樂，乃草具其儀法，色上黃，數用五，為官名悉更，奏之。

色上黃，數用五，由今看來，固然是毫無關係之事，如此改革，似乎滑稽而且不離乎迷信，然而古人所謂改正朔、易服色等事，並不是像後世止於如此而已，而是相連有一套辦法的。這個讀第四講論儒家的話已可見得。然則當時賈誼所主張改變的，決不止此兩事，不過《史記》、《漢書》都語焉不詳罷了。但看他"為官名"三個字——這是改變一切機關——便可知其改革規模之大。

再一個顯著的例，便是董仲舒。他説：

自古以來，未嘗有以亂濟亂，大敗天下如秦者也。其遺毒餘烈，至今未滅。使習俗薄惡、人民嚚頑，抵冒殊扦，孰爛如此之甚者也。孔子曰："腐朽之木不可雕也，糞土之牆不可圬也。"今漢繼秦之後，如朽木糞牆矣。雖欲善治之，亡可奈何。法出而奸生，令下而詐起，如以湯止沸，抱薪救火，愈甚亡益也。竊譬之，琴瑟不調，甚者必解而更張之，乃可鼓也。為政而不行，甚者必變而更化之，乃可理也。

董仲舒對於漢代制度的改革，是大有功勞的人。"推明孔氏，抑黜百家，立學校之官，州郡舉茂材孝廉，皆自仲舒發之。"

其尤激烈的則為翼奉。他以為：

祭天地於雲陽汾陰，及諸寢廟，不以親疏迭毀，皆煩費，違古制。又宮室苑囿，奢泰難供，以故民困國虛，亡累年之蓄。所繇來久，不改其本，難以末正。乃上疏曰："臣聞古者盤庚改邑，以興殷道，聖人美之。竊聞漢德隆盛，在於孝文……如令處於當今，因此制度，必不能成功名。……臣願陛下徙都於成周……遷都正本，眾制皆定。"

生活是最大的教育，要人民革新，必須替他造出新環境來，置之新環境中，雖日撻而求其舊，不可得矣。間嘗論之，儒家之興，並非偶然之事，秦始皇雖然焚書坑儒，然當他坑儒的時候曾說：

吾前收天下書不中用者盡去之，悉召文學方術士甚眾，欲以興太平，方士欲練以求奇藥。

"欲以興太平"上，當奪"文學"兩字。文學便是當時的儒家。可知始皇並非不用儒者，所以要用儒者，就是因為當時的天下非更化不可，要更化非改制度不可，而改制度之事，唯有儒家最為擅長。所以假使秦始皇享國長久，海內更無其他問題，他一定能有一番改革——建設——改革。秦皇漢武正是一流人。

儒家所謂教化，其先決問題是民生，至於直接手段則是興庠序，看《漢書·禮樂誌》便可知道。他們對於現狀，是認為極度的不安，而想要徹底改革的，所以我說他們是最革命的。

然而儒家不能不為法家所竊笑。為甚麼呢？我們試讀《漢書》的〈元帝本紀〉：

立為太子……柔仁好儒，見宣帝所用多文法吏，以刑名繩下，大臣楊惲、蓋寬饒等坐刺譏辭語為罪而誅。嘗侍燕從容言："陛下持刑太深，宜用儒生。"宣帝作色曰："漢家自有制度，本以霸王道雜之，奈何純任德教，用周政乎？且俗儒不達時宜，好是古非今，使人眩於名實，不知所守，何足委任？"乃歎曰："亂我家者，太子也。"

宣帝所謂霸，便是法家；所謂王，是儒家；以霸王道雜之，謂以督責之術對付官僚階級，以儒家寬仁之政對待人民。質而言之，便是"嚴以察吏，寬以馭民"，這實在是合理的治法。倘使純用霸道，則待人民太暴虐，全社會都將騷然不寧，喪其樂生之心，這便是秦朝的所以滅亡。至於純用王道，則元帝便是一個榜樣。我們試將〈元帝紀〉讀一過。儒家所謂寬仁之政，幾於史不絕書，然而漢治反於此時大壞，這是甚麼緣故呢？因為官僚階級的利益是和人民相反的，要保護人民，其要義就在於約束官僚，使不能為民害，若並官僚階級而亦放縱之，那就是縱百萬虎狼於民間了。漢朝政治之放縱——督責之術之廢弛，是起於元帝之世的，所以漢朝的政治，也壞於元帝時。

為甚麼元帝會放縱治者階級使為民害呢？其弊便在於不察名實。名就是理論，實就是情形，理論雖好，要和現狀相合方才有用。比如合作運動自然是好的，然而能否推行於中國社會，換一方面説，便是現在的中國社會能否推行合作運動？更具體些説，叫農民組織合作社，向農民銀行借款，到底來借款的是真正農民呢，還是營高利貸業者的化身？這是大須考慮的。假如説現在來貸款的都是真正農民了，然而現在的農民銀行設立尚未普遍，假使要普遍設立，是否能保持現在的樣子——即來貸款者真正都是農民——如曰能之，還是目前就能夠呢，還是要一面養成人才，一面整頓吏治徐徐進行的呢？如此便又發生推廣的遲速問題。這些都是應該考慮的、應該考察的實際。合作事業的能否辦好，就看這種事先的考慮是否周密，隨時的考慮是否認真，單是精於理論，即對於書本上的合作有研究，是無用的。現今模仿外國所以不能成功，甚至反有弊病，即由於此。漢儒的崇拜古人，就和現在的崇拜外國一樣，不論甚麼事，只要儒家的書上説古代是如此的，就以為是好的，而不管所謂古代情形與現代合不合，這正和現代有些人，只要是外國的總是好的，而不管其和中國社會的情形合不合一樣——此等人不論其所崇拜的是甚麼東西，總之皆成為偶像了。要打倒偶像，這種偶像，就是該首先打倒的，泥塑木雕的倒還在其次。不察名實，自然不達時宜，就是不知道現在該怎樣；不知道現在該怎樣，自然可以信口開河，是古非今了。

　　法家也有法家的毛病，便是董仲舒所謂誅名而不責實，其實也還是不察名實。然而真正的法家，的確不是如此。漢朝雖號稱崇儒，其實在政治上，有許多卓絕的法家。而我所要力勸大家讀的，尤其是《漢書》的〈黃霸傳〉。現在且不避文繁，節錄其辭如下：

黃霸字次公，淮陽陽夏人也。以豪傑役使，徙雲陵。少學律令，喜為吏。……霸為人明察內敏，又習文法，然溫良有讓，足知，善御眾。……自武帝末，用法深。昭帝立，幼，大將軍霍光秉政，大臣爭權，上官桀等與燕王謀作亂，光既誅之，遂遵武帝法度，以刑罰痛繩群下，繇是俗吏尚嚴酷以為能，而霸獨用寬和為名。會宣帝即位，在民間時知百姓苦吏急也，聞霸持法平，召以為廷尉正，數決疑獄，庭中稱平。守丞相長史，坐公卿大議庭中，知長信少府夏侯勝非議詔書大不敬，霸阿從不舉劾，皆下廷尉，繫獄當死。霸因從勝受《尚書》獄中。……上擢霸為揚州刺史……為潁川太守……時上垂意於治，數下恩澤詔書，吏不奉宣。……霸為選擇良吏，分部宣佈詔令。……使郵亭鄉官皆畜雞豚，以贍鰥寡貧窮者。然後為條教，置父老師帥伍長，班行之於民間，勸以為善防奸之意，及務耕桑，節用殖財，種樹畜養，去食穀馬。米鹽靡密，初若煩碎，然霸精力能推行之。吏民見者，語次尋繹。問它陰伏，以相參考。嘗欲有所司察，擇長年廉吏遣行，屬令周密。吏出，不敢舍郵亭，食於道旁，烏攫其肉。民有欲詣府口言事者適見之，霸與語道此。後日吏還謁霸，霸見迎勞之，曰："甚苦，食於道旁，乃為烏所盜肉。"吏大驚，以霸具知其起居，所問毫厘不敢有所隱。鰥寡孤獨有死無以葬者，鄉部書言，霸具為區處，某所大木可以為棺，某亭豬子可以祭，吏往皆如言。其識事聰明如此。吏民不知所出，咸稱神明。奸人去入它郡，盜賊日少。霸力行教化而後誅罰，務在成就全安。……霸以外寬內明得吏民心，戶口歲增，治為天下第一。徵守京兆尹。……歸潁川太守官……治如其前。前後八年，郡中愈治。

是時鳳凰神爵數集郡國，潁川尤多。天子……下詔稱揚曰：潁川太守霸，宣佈詔令，百姓鄉化，孝子弟弟貞婦順孫，日以眾多，田者讓畔，道不拾遺，養視鰥寡，贍助貧窮，獄或八年亡重罪囚，吏民鄉於教化，興於行誼……代邴吉為丞相……。京兆尹張敞舍鶡雀，飛集丞相府，霸以為神雀，議欲以聞。敞奏霸曰：竊見丞相請與中二千石博士雜問郡國上計長吏守丞，為民興利除害，成大化，條其對，有耕者讓畔，男女異路，道不拾遺，及舉孝子弟弟貞婦者為一輩，先上殿，舉而不知其人數者次之，不為條教者在後叩頭謝。丞相雖口不言，而心欲其為之也。長吏守丞對時，臣敞舍有鶡雀飛止丞相府屋上，丞相以下見者數百人。邊吏多知鶡雀者，問之，皆陽不知。丞相圖議上奏曰：臣聞上計長吏守丞以興化條，皇天報下神雀。後知從臣敞舍來，乃止。郡國吏竊笑丞相仁厚有知略，微信神怪也。昔汲黯為淮陽守，辭去之官，謂大行李息曰：御史大夫張湯懷詐阿意，以傾朝廷，公不早白，與俱受戮矣。息畏湯，終不敢言。後湯誅敗，上聞黯與息語，乃抵息罪而秩黯諸侯相，取其思竭忠也。臣敞非敢毀丞相也，誠恐群臣莫白，而長吏守丞畏丞相指歸，捨法令，各為私教，務相增加，澆淳散樸，並行偽貌，有名亡實，傾搖解怠，甚者為妖。假令京師先行讓畔異路，道不拾遺，其實亡益廉貪貞淫之行，而以偽先天下，固未可也，即諸侯先行之，偽聲軼於京師，非細事也。漢家承敝通變，造起律令，即以勸善禁奸，條貫詳備，不可復加。宜令貴臣明飭長吏守丞，歸告二千石，舉三老、孝弟、力田、孝廉、廉吏，務得其人，郡事皆以義法令檢式，毋得擅為條教，敢挾詐偽以奸名譽者，必先受戮，以正明好惡。

豪傑役使，顏師古曰：身為豪傑而役使鄉里人也。可見黃霸本是所謂土豪劣紳之流。大抵善於邀名的人，必求立異於眾。因為不立異，則不過眾人中的一人，天下人如此者多，就不足以得名了。黃霸本是個務小知，任小數的人，論他的才具很可以做一個漢朝的文吏，只因當時的官吏竟趨於嚴酷，為輿論所反對，乃遂反之以立名，而適又有夏侯勝的《尚書》以供其緣飾，又適會宣帝要求寬仁之吏，就給他投機投個正著，一帆風順，扶搖直上了。生活是最大的教育，人是不能以空言感化的，人是個社會動物，處在何等社會中，就形成何等樣人，絲毫不能勉強，斷非空言之力所能挽回。所以古來言教民者，必在既富之後，質而言之，就是替他先造新環境，新環境既已造成，就不待教而自正了。如其不然，就萬語千言悉成廢話，這種道理，當發為空論之際，也是人人懂得的。及其見諸實施，卻又以為人民可以空言感化，至少以為要先把人心改變過來，然後制度乃可隨之而改了。人類缺乏一貫的思想，處處現出自相矛盾的景象，真可歎息。人民可以空言化，在廟堂之上的人，或者和社會隔絕了，信以為實。然在奉行其事的人，是不會不知道實際的情形的，然而竟沒有一個人把無益實際的話入告，只見詔書朝下於京城宣佈，夕遍於海澨，人類的自欺欺人，實在更可歎息。有手段的人，他要人家說的話，自然會有人替他說的，他要人家不說話，自然沒有人敢說。他希望有甚麼事，自然會有人造作出來，他希望沒有甚麼事，自然會有人替他隱諱掉。我們只要看邊吏多知鶡雀，問之皆陽不知，便可知道黃霸治郡時，所謂盜賊日少，戶口歲增，是虛是實了。然則他怎會獲得如此的好名譽呢？大抵人有兩種：一種是遠聽的，一種是近看的。聲名洋溢的人，往往經不起實際的考察，在千里萬里之外聽了，真是大聖大賢，到他近處去一看，就不成話了。但是社會是採取虛聲的，一個人而苟有手段造成了他的虛名，你就再知道他是個壞人，也是開不得口。不但開不得口，而且還只能人云亦云的稱頌他，不然人家不說他所得的是虛名，反說你所說的是假話。俗說若要人不知，除非己莫為。作偽的人，豈真有甚麼本領，使他的真相不露出來？不過社會是這樣的社會，所以這種人的真相，雖然給一部分人知道了，卻永遠只有這一部分人知道，決不會散佈擴大出去的。然而張敞居然敢彈劾盛名之下的黃霸，我們就不得不佩服法家綜核名實的精神了。他奏黃霸的話，真乃句句是金玉。讓畔異路，道不拾遺，其實亡益廉貪貞淫之行，造起律令，即以勸善禁奸，尤其是至理名言。因為你要講革命是另一件事，在革命未成以前勸人為善，只是能為現狀下之所謂善，禁奸也只能禁現狀下之所謂奸。明明是現狀下所不能為的事，你卻要叫人去做，人家也居然會照着你的話去做，這不是作偽還是甚麼？其實何益呢？不過澆淳散樸罷了。

法家這種綜核名實的精神，自元帝以後莫之能行，以至亡國。後漢得天下，光武帝雖然厚貌深文，其實行督責之術，是很嚴緊的。他當時對於一班開國的功臣，以及有盛名可以做三公的人，明知其不可施以督責，所以捨而弗用，而寧任用一班官僚，這就是後漢所以能開二百餘年之治的原因。從中葉以後，督責之術又廢了，於是官僚階級又橫行起來，益之以處士橫議，而後漢遂至於滅亡。起而收拾殘局的魏武帝、諸葛孔明，都是勵行綜核名實的人，所以事勢又有轉機。然而一兩個人的苦力支撐，終不能回狂瀾於既倒，於是紀綱日廢，而魏晉清談之俗興，神州大陸遂終於不可保守而為五胡所佔據了。

魏晉以後的政治思想，無甚特別之處——大抵承漢人的緒餘——今因限於時間亦不再加講述。還有一篇最值得注意的文字，便是《論衡》的〈治期〉篇。此篇力言國家之治亂，與君主的賢否無涉。換一句現在的話說，便是政治控制不住社會，社會而要向上，政治是無法阻止的。若要向下，政治亦無力挽回，而只好聽其遷流之所屆。這是我們論後世的政治所要十分注意的。

第七講
魏晉至宋代以前的政治思想

　　魏晉南北朝是中國政治思想消沉的時代，這一個時代之中，並不是沒有有政治思想的人，然其思想大都不脫漢人的科臼，直到兩宋之世，而中國的政治思想才又發出萬丈的光焰，這是甚麼原故呢？

　　原來政治的目的，不外乎安內與攘外。當對外太平無事時，大家的眼光都注重在內治一方面。對外問題急迫了，整個國家的生存要緊，其餘的問題，就只得姑置為緩圖了。中國對外的問題是到甚麼時候才嚴重起來的呢？這個問題的答案，我們不能不說是宋代。這又是為甚麼呢？

　　在周以前，我們對於異族實在是一個侵略者，而不是一個被侵略者，這一層在第二講中業經說過了。兩漢時代，情形還是如此。五胡亂華，是中原受異族的侵略之始。但是這時候侵略的異族，民族意識都不甚晶瑩，這個只要看當時的異族沒一個不自附於漢族古帝皇之後可知。這（一）因他們的文化程度較低，（二）因歸附中原，雜居塞內已久，當其亂華之時，業已有幾分同化。

到遼、金時代便不然了，遼人的民族意識業已較五胡為強，至金人則其和漢族的對立更為尖銳，只要看金世宗的所為便可知道。而且五胡是以附塞或塞內的部落作亂的，也有一半可以說是叛民的性質，至於遼、金則是在塞外建立了強大的國家然後侵入的，所以其性質更為嚴重。

異族侵入的原因是甚麼呢？其中第一件，便是中原王朝兵備的廢弛。以兩漢時代的兵力，異族本沒有侵入的可能；三國時代中原雖然分裂，兵力並沒有衰弱。為甚麼前此歸附的異族一到兩晉時代居然能在中原大肆咆哮，而漢族竟無如之何呢？原來兵權落入異族之手並非一朝一夕之故。中國在古代本不是全國皆兵的，各國正式的軍隊只是當初的征服者，至於被征服者雖非不能當兵，然事實上只令他們守衛本地，和後世的鄉兵一樣。直到戰國之世，戰爭的規模大了，舊有的兵不給於用，才把向來僅令其守衛本地的兵悉數用作正式軍隊。從此以後我們就造成一個全國皆兵的制度了。但是這種制度，到秦漢之世卻又逐漸破壞，這又是為甚麼呢？因為古代國小，人民從事於征戌，離家不甚遠，所以因此而曠廢時日以及川資運糧等等的耗費，亦比較不大，到統一以後，就不是這麼一回事了。所以當用兵較少的時候還可以調發民兵，較多的時候便要代之以謫發或謫戌。漢朝自文景以前，用兵大都調自郡國，而前乎此的秦朝以及後乎此的武、宣都要用謫發和謫戌，就是這個道理。漢朝的兵制，是沿襲秦朝的。民年二十三則服兵役，至五十六乃免，郡國各有都尉，以司其講肆和都試。戌邊之責，也是均攤之於全國人的，人人有戌邊三日的義務——雖然不能夠人人自行，然而制度則是如此——自武、宣多用謫發之後，實際上人民從征之事已較少，至後漢光武欲圖減官省事，把郡國都尉廢掉，從此以後，民兵制度就簡直不存在了。當兵本來是人情容易怕的，統一之後，腹地的人民距邊寇較遠，就有民兵制度，也易流於有名無實，何況竟把他廢掉呢？從此以後，普通的人民就和當兵絕緣。當兵的總是特種的人民——用得多的時候，固然也調發普通人民，然而只是特殊的事——而尤其多被利用的，則是歸附的異族。這種趨勢，當東漢時代業已開始了，至西晉尤甚。五胡亂華之後，自然多用其本族之人為主力的軍隊，所以這時候，武力是始終在異族手裏的。這是漢人難於恢復的一個大原因。隋唐之世，漢族業已恢復了，局面似乎該一變，但是用異族當兵業已用慣了，既有異族可以當兵，樂得使本國人及於寬典；況且用兵於塞外，天時地利，都以即用該方面的人為適宜，而且勞費也較少。所以論起武功來，讀史者總是以漢唐並稱，其實漢唐不是一樣的。漢代的征服四夷，十次中有七八次是發自己的兵，實實在在的去打——尤其對於最強的匈奴是如此。漢朝打西域，是用本國兵最少的，而西域卻是最勢分力弱的小敵——唐朝卻多用蕃兵，到後來，並且守禦邊境亦用蕃兵為主力，因此釀成安史之亂。安史亂後，軍隊之數是大增加了，然而不是沒有戰鬥力，就是不聽命令，遇事總不肯向前，以致龐勛、黃巢之亂，都非靠沙陀兵不能打平。從此以後，沙陀就橫行中原，而契丹也繼之侵入了。分裂是最可痛心的事。當分裂之世，無論你兵力如何強大，是只會招致異族以共攻本國人，斷不會聯合本國人以共禦外侮的——這是由於人情莫不欲爭利,而利唯近者為可爭;人情莫不欲避害,而害唯近者為尤切,所以非到本國統一之後,不能對外,甚麼借對外以圖團結本國等等,都只是夢話。然而到中原既已統一之後,又因反側之心未全消弭,非圖集中兵權或更消滅或削弱某一部分的兵力不可,北宋便是這個時代。所以經前後漢之末兩次大亂之後,中原王朝的兵力實在是始終不振的,而在塞外的異族卻因歲月的推移逐漸強大,遂有遼、金、元等部落在塞外先立了一個大國,而後以整個的勢力侵入中原,使中原王朝始而被割掉一部分領土,繼而喪失全國之半,終乃整個的被人征服了。所以當這時代,中原王朝的武力該怎樣恢復,實在是一個大問題。

是把國內治好了,然後禦外呢?還是專講對外,其餘都姑置為緩圖呢?這自然是民族當危急存亡時,首先引起的重要問題。假如中國是一個小國,自然當危急存亡時,一切都將置諸不問,而姑以卻敵為先務,然而事實不是如此。中國土地之大,人口之多,物資之豐富,以及文化程度之高,一切都遠出少數族之上,異族的凌侮無論如何劇烈,在中國政治家的眼光中,是不會成為唯一的問題的。況且中國人素來以平天下為懷,認為異族的凌侮,只是暫時的變態,到常態回復了,他們總要給我們同化的,這原是中國人應盡的責任。這種自負的心理,是不會因時局的嚴重而喪失的。而且物必自腐而後蟲生,國必自伐而後人伐,外患的嚴重,其根源斷不能說不由於內憂。所以外患的嚴重,本不能掩蔽內憂,而減少其重要性,而且因外患的嚴重,更促起政治家對於國內問題的反省，所以自宋到明這一個民族問題嚴重的時代，卻引起政治思想的光焰。

這時候的政治思想集中在哪幾點上面呢？國家的根本是人民，人民第一個重要的問題便是生活，生活都不能保持，自然一切無從説起了。假使生活而能保持了，那就要解決"飽食暖衣逸居而無教，則近於禽獸"的問題了，這也是傳統的思想上看得極為嚴重的間題。這是中國自古以來就是如此的。從三國到南北朝，因為時局的紛擾，談政治的人忙於眼前的問題，對於這種根本問題較兩漢時代要淡的多了。到隋唐之世因為時局較為安定，對於根本問題用心探索的人又較多，至宋代而大放其光焰。

當這一個時代，關於"教養"問題的現狀卻是怎樣的呢？請略説其大概如下：

關於"養"的問題，平均地權和節制資本實在是一樣的重要。但是自漢以後，儒家之學盛行，儒家是偏重於平均地權的，所以大多數人的思想也側重在這一方面。儒家所懷抱的思想又分為兩派，激烈的是恢復井田，緩和的是限民名田。激烈派的思想經新莽實行而失敗了，沒有人敢再提起，東漢以後多數認為切實易行的是限民名田。晉朝的戶調式、北魏的均田令、唐朝的租庸調法，都是實行此項理想的。後漢末的大亂，人民死亡的很多，自此經兩晉南北朝，北方經過與蠻族的鬥爭，死亡也很劇烈。此時的土地是比較有餘的，又得授田的制度以調劑其間，所以地權不平均的問題，比較不覺得嚴重。唐朝自貞觀至於開元，時局是比較安靜的。安靜之時，資本易於蓄積，併兼之禍即隨之而烈。天寶以後，藩鎮割據，戰禍除（一）安史之亂時；（二）黃巢起義時；（三）梁唐戰爭；（四）唐晉與契丹的戰爭，直接受禍的區域外，其實並不甚烈。人民死亡不能甚多。而（A）苛政亟行，（B）奢侈無度，封建勢力和商業資本乘機大肆剝削，人民被逼得幾於無路可走。我們試一翻《宋史》，便知道（1）當時的田無稅的很多，（2）當時的丁不役的很多。這都是有特殊勢力的人所得的好處，而其負擔則皆併於貧弱之家。（3）民間借貸自春及秋便本利相侔，設或不能歸償，則甚麼東西債權人都可以取去抵債 17。所以當時司馬光上疏說：農民的情景是"穀未離場，帛未下機，已非己有，所食者糠粃而不足，所衣者綈褐而不完，直以世服田畝，不知捨此更有何可生之路耳。"嗚乎痛哉！在政治上，（甲）自兩稅法行後，連名存實亡的平均地權的法令都沒有了，（乙）而役法又極酷，（丙）而唐中葉後新增的苛稅如鹽、茶、酒及商業上的過稅、住稅等，宋朝又多未能刪除，這些直接間接也都是人民的負擔。租稅的大體，自宋迄明未之有改，而元朝以異族入主中原又加重了封建勢力的剝削。明朝自中葉以後，朝政的紊亂又為歷代所未有，藩王、勛戚、宦官等的剝削平民以及所謂鄉紳的跋扈，亦是歷代所罕有，所以民生問題，可以說自宋至明，大致都在嚴重的情形中。

至於"教"的問題，則除漢朝賈生、董生等所說一種貧而弱的可憐情形外，另有一個嚴重的問題。中國古代宗教上崇拜的對

---

17 見《宋史·陳舜俞傳》。

象，最大的是地，次之則是吃田豕的虎，吃田鼠的貓，或防水的堤防等，再次之則是在家的門神、竈神，出門時的行神，及管個人壽算的司命等（見《禮記‧郊特牲》及〈祭法〉。古時的人們對於祭天，是沒有關係的。至於地，則本沒有一個統一的地神——以方澤對圜丘，是晚出的概念，所以只有〈周官〉上有——在古代只是各祭其所利用的一片土地，所以最隆重的是社，而社也是隨着一個個農村而分立的）。其最切近的為祖先，祖先不必說了，就是其餘的神，也是限於一個很小的範圍內的。這些神在氏族時代，則為一氏族內的人所崇拜；在部落時代，則為一部落的人所崇拜，彼此各不相干。在其部落以內，宗教師亦是一種分職，他所做的事情，雖無實益，卻是人民對他有信仰心，並不嫌惡他（其實他自己亦不全是騙人的，多少總有些信以為真）。他也無從分外榨取，至於氏族或部落以外，根本沒有人信他，他更無從施展威權了（漢初的宗教還是如此，所以越巫、齊方士等各各獨立）。天子所祭的天神，雖然在諸神中取得最高的地位，然而諸侯尚且不許祭天，平民更不必說了。中國古代似乎貴族平民各有其所崇拜的對象，彼此各不相干，因此在上者要想借宗教之力以感化人民甚難，卻也沒有干涉人民的信仰以致激變之事，列國間因本來懷抱着宗教是有地方性的觀念（宗教信仰多包含在風俗習慣之中，君子行禮不求變俗，就是不干涉信仰的自由）。所以彼此互不相干涉，亦沒有爭教的事。這實在是中國最合理的一件事，因為宗教總不過是生活的反映，各地方有各地方不同的生活，自然會產生不同的宗教，而亦正需要不同的宗教，硬要統一他做甚麼呢？老實説，就是勉強統一了，也只是一個名目，其內容還可以大不相同的。隨着時代的變遷，從前各各分立的氏族或部落漸次統一而成一個大社會，社會既然擴大了，自然要有為全社會所共同信仰的大宗教，也自然會有為全社會所信仰的大宗教。這時代的大宗教，並不是單獨發生，把從前的小宗教都消滅掉了的。乃是從前的舊宗教所變化發達而成。（一）把從前性質僅限於一部落一氏族的神擴大之而為全社會之神，（二）各地方所崇拜的神，有本來相同的，那自然不成問題，（三）否則亦可以牽強附會，硬把他算做一個，（四）其無須合併的，則建立一個系統，把他編製一下。如此許多分立的小宗教，就可以合併而成一大宗教了。這就是中國所謂道教。這種變化，大約在很早的時代，隨着社會的變動就逐漸進行的；至後漢末年，在社會上大顯勢力，至北魏太武帝時，寇謙之乃正式得到政府的承認。當兩漢之間，佛教從印度輸入中國，至後漢末年，也在社會上漸露頭角。佛教的哲理，較之道教更為精深——中國的學問，並不是不及印度，但專就哲理而論，卻應該自愧弗如的，而宗教所需要的，卻特別在這一方面。為甚麼呢？因為宗教倘使在政治社會方面多作正面的主張，就不免和政治發生衝突，和政治發生衝突就要受到壓迫了。佛教卻在這一方面，有其特別優勝之點。他對於社會問題和政治問題幾於毫無主張，只是在現社會的秩序之下，努力於個人的解脫。如此，於政治問題就覺其毫無關係，而多少還可以掩蔽現實，麻醉人民，而使之馳心於淨土。如此在消極方面説，就可以不受政府的干涉，而多少還可受些保護。在積極方面，則因他主張輪迴，替人把希望擴張到無限大，而又自有其高深的哲理，足以自圓其說，所以還能夠得到王公貴人的提倡；在平民眼裏，佛教道教本來是無甚區別的，誰宣傳得起勁些，誰被信仰的機會就多些。如此，佛教因其（一）給與人的希望之大，（二）哲理的精深，能得士大夫的信仰，其宣傳之力，就超出於道教以上，所以其流行也較道教為盛。從兩漢到南北朝，在精神界既然發生了全國共信的大宗教，就形成下列諸問題。

其一，在佛教尚未大行，道教也未十分組織成功之時，政治和社會都有很大的不安，而宗教在這時代，業已從地域的進而為全國的了，自然會有人想利用他造成一種政治上反抗的力量，所以前後的變亂，含有宗教成分的很多。道教的大師如張角、張魯、孫恩等不必說了，就和尚也有躬為禍首的，因此引起政治上的焚燒讖緯，禁止傳習天文。

其二，第一問題在中國的關係不能算大，而為政府所承認的宗教，亦發生下列二大問題，即：（A）在物質方面，教徒既不耕而食，不織而衣，成為純粹的分利分子，卻還要消耗多大的佈施，而且積蓄多了，便從事於兼併土地，役使奴僕，於經濟的平均，很有妨害。（B）在精神方面，宗教麻醉的力量能使人離開現實，馳騖空虛，多少可以減少些反抗之力，緩和些怨恨之聲，而且他多少要教人民以正直、平和、慈善，使社會增加幾分安穩，這是政治上所希望的。所以歷來也很有些儒者的議論，在這一方面承認二氏的功勞。但是宗教所教導的，斷不能和政治上所要求的全然一致，而且和儒家傳統的道德和倫理不免有些不相容，而儒家卻是在政治上積有權威的。因此之故，宗教問題在政治思想史上，也就有相當的關係了。

綜括這一個時代，養的問題不能解決，教的問題亦覺得愚弱可憐，而嚴重的外患又相逼而來。稍加仔細觀察，便覺得外患的成為問題，全是由於本國的社會病態太深之故。於是這一個時代的思想家，不期然而然的都觸着了許多根本的問題。

第八講

宋明的政治思想

　　第七講説：從宋到明的政治思想，觸着了許多根本問題，這句話是怎麼講呢？關於這一點，我們可以自宋到明的井田封建論做代表。

　　井田封建，如何可行於後世？井田固然是一種平均分配的好方法，然（一）既成為後世的社會，是否但行井田，即能平均分配；（二）不將社會的他方面同時解決，井田是否能行。這都是很顯明的疑問。至於封建，其為開倒車，自然更不必説了。宋、元、明的儒者，如何會想到這一着呢？關於這一點，我請諸位讀一讀顧亭林先生的《封建論》（編者按：即顧炎武《郡縣論》）。原文頗長，今舉其要點如下：

　　　封建之廢，非一日之故也，雖聖人起，亦將變而為郡縣。方今郡縣之敝已極，而無聖人出焉，尚一一仍其故事，此民生之所以日貧，中國之所以日弱，而益趨於亂也。何則？封建之失，其專在下；郡縣之失，其專在上。改知縣為五品官，正其名曰縣令。必用千里以內，習其風土之人，任之終身。其老疾乞休者，舉子若弟代。不舉子若弟,舉他人者聽。既代去,處其縣為祭酒,祿之終身。每三四縣若五六縣為郡,郡設一太守,三年一代,詔遣御史巡方,一年一代。其督、撫、司、道悉罷。令以下設一丞。丞以下曰簿,曰尉,曰博士,曰驛丞,曰司倉,曰遊徼,曰嗇夫之屬,備設之。令有得罪於民者,小則流,大則殺。其稱職者,既家於縣,則除其本籍。居則為縣宰,去則為流人;賞則為世官,罰則為斬絞。何謂稱職?曰:土地闢,田野治,樹木蕃,溝洫修,城郭固,倉廩實,學校興,盜賊屏,戎器完,而其大者,則人民樂業而已。夫使縣令得私其百里之地,則縣之人民,皆其子姓;縣之土地,皆其田疇;縣之城郭,皆其藩垣;縣之倉廩,皆其困窌。為子姓,則必愛之而勿傷;為田疇,則必治之而勿棄;為藩垣、困窌,則必繕之而勿損。自令言之,私也;自天子言之,所求乎治天下者,如是焉止矣。一旦有不虞之變,必不如劉淵、石勒、王仙芝、黃巢之輩,橫行千里,如入無人之境也;於是有效死勿去之守,於是有合縱締交之拒。非為天子也,為其私也;為其私,所以為天子也;故天下之私,天子之公也。

他的意思,只是痛於中國的日貧日弱,而思所以救之。而推求貧弱的根源,則以為由於庶事的廢弛;庶事廢弛的根源,他以為由於其專在上。所以說郡縣之制已敝,而將復返於封建。

自宋至明——實在清朝講宋學的人,也還有這一種意見——主張井田、封建的人很多。他們的議論雖不盡同,他們的辦法亦不一致;然略其枝葉,而求其根本,以觀其異中之同,則上文所述的話,可以算是他們意見的根本,為各家所同具。

　　他們的意見，可以說是有對有不對。怎說有對有不對呢？他們以為中國貧弱的根源，在於庶事的廢弛，這是對的。以為庶事廢弛的根源，是由於為政者之不能舉其職，而為政者之不能舉其職，是由於君主私心太重，要把天下的權都收歸一己，因而在下的人，被其束縛而不能有為，這是錯的。須知君主所以要把政治上的權柄，盡量收歸自己，固不能說其沒有私心，然亦自有其不得已的苦衷。在封建時代，和人民利害相反的是貴族，到郡縣時代，和人民利害相反的是官僚，這話，在第五講中業經說過了。君主所處的地位，一方面固然代表其一人一家之私，如黃梨洲所云視天下為其私產；又一方面，則亦代表人民的公益，而代他們監督治者階級。這一種監督，是於人民有利的。倘使沒有，那就文官武將，競起虐民，成為歷代朝政不綱時的情形了。渴望而力求之，至於郡縣之世而後實現的，正是這個。至於庶事的廢弛，則其根源，由於征服階級的得勢，一躍而居於治者的地位。他們的階級私利是寄生。為人民作事，力求其少，而剝削人民，則務求其多。此種性質，從貴族遞嬗到官僚，而未之有改。所以大同時代社會內部相生相養良好合理的規則：（一）在積極方面，因治者階級的懶惰而莫之能舉。（二）在消極方面，因治者階級的剝削而益見破壞。（三）而人民方面，則因其才且智者，皆羨治者階級生活的優越，或則升入其中，或則與相結托，所剩的只有貧與弱。因而廢弛的不能自舉，被破壞的不能自保，僅靠君主代他們監督，使治者階級不能為更進一步的剝削，而保存此貧且弱的狀況。除非被治者起而革命，若靠君主代為監督，其現狀是只得如此，不會再有進步的。因為君主是立於治者和被治者兩階級之間，而調和其矛盾的；他只能從事調和，而不能根本上偏袒哪一階級，所以只做得到這個樣子。這話在第五講中業已說過了。所以說：他們以為貧弱的根源在於庶事的廢弛，這是對的。以為廢弛的根源在於君主，是不對的。天下眼光淺近的人多，治者階級而脫離了君主的監督，那只有所做的事更求其少，所得的利更求其多，如何會勤勤懇懇，把所有的一塊土地人民治好呢？若能有這一回事，封建政體，倒不會敝，而無庸改為郡縣了。所以封建之論，的確是開倒車，雖然他們自以為並非開倒車，以為所主張的封建和古代的封建有別。然而幸而沒有實行，倘使實行起來，非釀成大亂不可。他們有這一種思想，也無怪其然，因為人是憑空想不出法子的，要想出一種法子來，總得有所依傍。我們今日，為甚麼除掉專制、君憲、共和、黨治之外，想不出甚麼新法子來呢？只因其無所依傍。然他們當日，陳列於眼前的政體，只有封建、郡縣兩種。郡縣之制，他們既認為已敝而不可用，要他們想個法子，他們安得不走上封建的一條路呢？他們這種主張，如其要徹底實行，則竟是一種革命，自然是時勢所不許，然就部分而論，則不能說他們沒有實行。所謂部分的實行，並不是說他們曾有機會試行封建，亦不是說他們曾經大規模試辦過井田。然而闢土地，治田野，蕃樹木，修溝洫，固城郭，實倉廩，興學校，屏盜賊，完戎器，總而古之，是反廢弛而為修舉，則不能說他們沒有部分的實行過。他們做封疆大吏、地方長官及紳士的，對於這許多事情，都曾盡力實行。他們並知道治化的良否，不盡繫於政治，而亦由於社會，所以凡有關風俗之事，如冠、婚、喪、祭之禮等，都曾研究、討論，定有規制，盡力提倡，示範實行。在這方面有功勞的，尤其是關學一派 18。他們這種舉動，並不能說沒有功勞，在今日宋明理學衰落之世，我們若留心觀察，則見社會上還有許多地方自治的遺跡，或者自相約束扶助的規則，還都是這一個時代的儒者研究、制定、提倡、示範的功勞。改進社會，原有急進和漸進兩種手段：前者是革命行為，把舊的都破壞了，然後徐圖建設。後者是進取派的學者所主張的，在舊秩序之下，將新的事業，逐漸建設起來，達到相當的時機，然後把舊的障礙物一舉除去。淺人每以二者為相反，其實是相成的。該取何種手段，只看特定社會的形勢。而取了革命手段，進取派的事業，還是要補做的。我們所以要革命，只因舊的勢力障礙得太屬害了，不將他推翻，一切新的事業，都不容我們做，所以不得不把他先行打倒；然而打倒他，只是消極的舉動，既把舊勢力打倒之後，新事業自然要逐漸舉辦的。如其不行，則從前的革命，就變做無意識的舉動了。至於進取派，並不是不要打倒舊勢力，只是手段上以先建設新的，後打倒舊的為適宜。所以革命正所以助進取，進取的目的，正在於革命，二者是相需而成的。每革命一次，舊勢力總要被破壞一些；每建設一事，新勢力總要增長一些。淺人徒見革命之後，舊勢力依然回復，便以為這一次的革命是徒

---

18 關學是北宋的儒家學者張載正式創立的一個理學學派，因張載是關中人，故稱 "關學"。又因張載世稱 "橫渠先生"，因此又有 "橫渠之學" 的說法。

勞；建設一事，不久旋即廢墜，便以為此舉是毫無效果，這真是淺人之見。中國的社會，將來總是要大改革的，要改革，總是要反廢弛而為修舉的。從有宋以來，理學家研究、制定、提倡、示範的舉動，實在替社會播下一個改革的種子，所以說，不能算他們無功。

在宋朝，既有這種大改革的見解，自然有人要想憑藉政治之力來實行；而在舊時政治機構之下，要想借政治的力置來實行改革，自然免不了弊竇。這話，在第六講中亦業已說過。當這時代，自然有如第二講所說，偏於痛惡現狀之壞，而不措意於因改革而致弊的人；也有專注重於改革之難，而不肯輕言改革的人；其結果，就形成熙寧時的新舊黨。從來論黨的人，每將漢朝的甘陵、唐朝的牛李和宋朝的新舊黨，並為一談，這是大錯。漢朝的甘陵，只是一班輕俠自喜、依草附木之徒，再加以奔走運動，營求出身，以及有財有勢，標榜聲華之士，以致鬧成黨錮之禍；唐朝的牛、李，只是官僚相排擠，哪裏說得上政見？宋朝的新舊黨，卻是堂堂正正，各有其政見的。固然新舊黨中，各有壞人；新舊黨互相排擠報復，也各有不正當的手段；然而不害其為有政見。他們對於多種政治問題，都有不同的見解；而其見解，都是新黨代表我所謂進取派，舊黨代表我所謂保守派的。舊時的議論，都左祖舊黨；現在的議論，則又左祖新黨；其實二者是各有長短的。新黨的所長，在於看透社會之有病而當改革，而且有改革的方案；而其所短，則在於徒見改革之利，而不措意於因改革所生之弊。舊黨攻擊因改革所生之弊，是矣，然而只是對人攻擊，而自己絕無正面的主張，然則當時的政治是好了，不需改革了麼？明知其不好，亦只得聽其自然了麼？我們倘使提出這個問題來，舊黨亦將無以為對。所以我說他們是各有長短的。我對於他們的批評則如次：

國家和社會的利害，不是全然一致的，又不是截然分離的。因為國家的內部，有階級的對立：凡國家的舉動，總是代表治者階級，壓迫被治階級的；所以國家和包含於國家中的人，利害總不能一致。然而在或種情形之下，則國家和全體社會的利害，是一致的；尤其是在對外的時候。因為別一個國家，侵入或加壓迫於這一個國家，則最大多數的國民，必同蒙其不利。所以當這時候，國民應當和國家協力以對外。國家所要求於國民，不都是正當的——如為治者階級的利益的時候——但因對外之故，而對於國民有所要求，則為合理。因為這是為着國民全體，——至少是最大多數的利益。然而在實際，則其所要求仍宜有一個限度。這不是道理上應該不應該的問題，而是手段上適宜不適宜的問題。因為國家有所求於國民，其事必須辦得好；如其辦不好，則是國民白受犧牲，國家亦無益處了。國家所恃以辦事的是官僚。官僚在監督不及之處，是要求自利的。官僚的自利，是上無益於國，而下有損於民的。固然，官僚中也有好人；而一國中監督官僚的人，其利害也總是和國與民相一致的；然而這總只是少數。所以國家所辦的事，宜定一最大限度，不得超過；而這最大限度的設定，則以（一）必要，（二）監督所能及，不至非徒無益，反生他害為限。熙寧時新黨之弊，在於所定的限度太大，而舊黨之弊，則又在於所定的限度太小；二者皆不得其中，即皆不適當。

　　試舉一實事為例：在北宋時，北有遼，西有夏，民族競爭形勢極為嚴重，自然不能無兵。宋朝是養兵百萬而不可以一戰的。募兵的制度，達於極弊。王安石主張用民兵，自然也有其極大的理由。但是實際如何呢？我們試看《宋史・兵誌》所載反對方面的話。

　　司馬光說：

　　兵出民間，雖云古法，然古者……自兩司馬以上，皆選賢士大夫為之，無侵漁之患，故卒乘輯睦，動則有功。今……保長以泥棚除草為名，聚之教場，得賂則縱，否則留之。……又巡檢指使，按行鄉村，往來如織。保正保長，依倚弄權，坐索供給，多責賂遺，小不副意，妄加鞭撻，蠶食行伍，不知紀極。中下之民，罄家所有，侵肌削骨，無以供億。愁苦困弊，靡所投訴。流移四方，襁屬盈路。又朝廷時遣使者，遍行按閱，所至犒設賞賚，糜費金帛，以巨萬計。此皆鞭撻下民，銖兩丈尺而斂之，一旦用之如糞土。

　　王岩叟說：

　　保甲之害。三路之民，如在湯火。未必皆法之弊。蓋由提舉一司，上下官吏，逼之使然。……朝廷知教民以為兵，而不知教之太苛而民不能堪；知別為一司以總之，而不知擾之太煩而民以生怨。教之欲以為用也，而使之至於怨，則恐一日用之，有不能如吾意者。不可不思也。民之言曰：教法之難，不足以為苦，而羈縻之虐有甚焉；羈縻不足以為苦，而鞭笞之酷有甚焉；鞭笞不足以為苦，而誅求之無已有甚焉。方耕方耘而罷，方干方營而去，此羈縻之所以為苦也；其教也，保長得笞之，保正又笞之，巡檢之指使，與巡檢者又交撻之，提舉司之指使，與提舉使之干當公事者，又互鞭之，提舉之官又鞭之。一有逃避，縣令又鞭之。人無聊生，恨不得死，此鞭笞之所以為苦也。創袍市中……之類，其名百出。故父老之諺曰：「兒曹空手不可以入教場。」非虛語也。都副兩保正，大小兩保長，平居於家，婚姻喪葬之問遺，秋成夏熟，絲麻穀麥之要求，遇於城市飲食之責望，此迫於勢而不敢不致者也。一不如意，即以藝不如法為名，而捶辱之無所不至。又所謂巡檢指使者，多由此徒以出，貪而冒法，不顧後禍，有逾於保正保長者。此誅求之所以為甚苦也。又有逐養子，出贅婿，再嫁其母，兄弟析居，以求免者；有毒其目，斷其指，灸其肌膚，以自殘廢而求免者；有盡室以逃而不歸者；有委老弱於家，而保丁自逃者。保丁者逃，則法當督其家出賞錢十千以募之。使其家有所出，當未至於逃，至於逃，則其窮困可知，而督取十千，何可以得？故每縣常有數十百家老弱，嗟咨於道路，哀訴於公庭。……又保丁之外，平民凡有一馬，皆令借供逐場教騎，終日馳驟。往往饑羸，以至於斃。誰復敢言？其或主家，倘因他出，一誤借供，遂有追呼笞責之害。或因官逼督迫，不得已而易之，則有抑令還取之苦。故人人以有馬為禍。此皆提舉官吏，倚法以生事，重為百姓之擾者也。……臣觀保甲一司，上下官吏，無毫髮愛百姓意。故百姓視其官司，不啻虎狼，積憤銜怨，人人所同。比者保丁執指使，逐巡檢，攻提舉司干當官，大獄相繼，今猶未已……安知其發不有甚於此者？

這許多話，我們決不能因同情新黨而指為子虛。王安石所行之法，無一不意在福國利民，而當時舊黨，皆出死力反對，其原因就在於此。舉此一事，其餘可以類推。然則新法都行不得？都只好不行麼？司馬光《疏》中又説：

彼遠方之民，以騎射為業，以攻戰為俗，自幼及長，更無他務。中國之民，大半服田力穡，雖復授以兵械，教之擊刺；在教場之中，坐作進退，有以嚴整；必若使之與敵人相遇，填然鼓之，鳴鏑始交，其奔北潰敗，可以前料，決無疑也。

梁任公作《王荊公傳》説：如此，則“只好以臣妾於北虜為天職。此言也，雖對於國民而科以大不敬之罪可也。”這話以理言之，固然不錯，然感情終不能變更事實，我們就不該因感情而抹殺事實。司馬光的話，説不是當時的事實，也是斷乎不能的。然則如之何而可呢？我説：中國不能如北狄之舉國皆兵，這是事實；不能為諱，而亦不必為諱。因為我們的社會進化了，複雜了，當然不能像他們這樣舉國一律，所以不足為辱。而且以中國之大，要抵禦北狄，也用不到舉國皆兵。兩民族的爭鬥，並不限於兵爭。文化經濟等各方面，都是一種競爭。我們的社會複雜了，可以從各方面壓伏北狄，就是我們從多方面動員攻擊。所以不足為憂。固然兵爭是兩國競爭時一種必要的手段，不可或缺。中國人固然不能如北狄之舉國皆兵；然而以兵力抵抗北狄，亦自有其必要的限度。以中國之大，説在這一個限度以內的兵，而亦練不出，亦是決無此理的。須知社會進化了，則各階級的氣質不同。其中固然有不適宜於當兵的人，而亦必有一部分極適宜於當兵之人。然則以中國之大，並不是造不出強兵來，不過造之要得其法罷了。造之之法如何呢？我們看司馬光說：

> 臣愚以為悉罷保甲使歸農；召提舉官還朝。量逐縣戶口，每五十戶，置弓手一人。……募本縣鄉村戶有勇力武藝者投充。……若一人缺額，有二人以上爭投者，即委本縣令尉，選武藝高強者充。或武藝衰退者，許他人指名與之比較。若武藝勝於舊者，即令充替。……如此，則不必教閱，武藝自然精熟。

王岩叟又說：

> 一月之間，並教三日，不若一歲之中，並教一月……起教則與正長論階級，罷教則與正長不相誰何。

再看《舊唐書‧李抱真傳》：

> 為懷、澤、潞觀察使留後。……抱真密揣山東當有變，上黨且當兵衝。是時乘戰餘之地，土瘠賦重，人益困，無以養軍士。籍戶丁男，三選其一。有材力者，免其租徭，給弓矢，令之曰：「農之隙，則分曹角射；歲終，吾當會試。」及期，按簿而徵之。都試以示賞罰，覆命之如初。比三年，則皆善射。抱真曰：軍可用矣。於是舉部內鄉，得成卒二萬。前既不廩費，府庫益實，乃繕甲兵為戰具，遂雄視山東。是時天下稱昭義步兵冠諸軍。

抱真的得力，就在乎僅令其分曹角射，而並不派甚麼提舉巡檢等去檢閱；亦不立正長等等名目，使其本來同等者，忽而生出等級來，所以沒有宋朝保甲之弊，而坐收其利。然則王岩叟要人民和正長不相誰何，實在是保甲的要義；而司馬光說不必教閱，武藝自然精熟亦非欺人之談了。有一位律師先生，曾對我說：「我們當律師的人，是依據法律而綁票。」——實在就是借法律做護符而綁票。當階級對立之世，誰不想綁票？只是苦於沒有護符罷了，如何好多立名目，大發護符呢？王安石作《度支副使廳壁題名記》時曾說：

夫合天下之眾者，財；理天下之財者，法；守天下之法者，吏也。吏不良，則有法而莫守；法不善，則有財而莫理；有財而莫理，則阡陌閭巷之賤人，皆能私取予之勢，擅萬物之利，以與人主爭黔首。而放其無窮之欲，非必貴強桀大，而後能如是，而天子猶為不失其民者，蓋特號而已耳。雖欲食蔬衣敝，憔悴其身，愁思其心，以幸天下之給足而安吾政，吾知其猶不得也。然則善吾法而擇吏以守之，以理天下之財，雖上古堯舜，猶不能毋以此為先急，而況於後世之紛紛乎？

他所謂阡陌閭巷的賤人，就是土豪和有商業資本的人。他深知他們是與平民處於對立的地位的，彼此利害不相容，非有以打倒之不可。然所恃以打倒他們的卻是吏，吏也是和人民處於對立的地位的，其利害，也是彼此不相容。固然，現在政治上不能不用吏，然而吏是離不開監督的，一離開監督，就出毛病。所以政治家最要的任務是自量其監督之力所能及。在此範圍之內，則積極進行，出此範圍以外，則束手不辦。王安石之徒所以失敗，就由於不知此義。我曾說：王安石的失敗，是由於規模太大，倘使他專以富國強兵為目的，而將一切關涉社會的政策，擱置不辦；或雖辦而縮至相當的限度，則（一）所辦之事，實效易見；（二）流弊難生；（三）不致引起他人的反對，而阻力可以減少；必可有相當的成功。如此，對於遼、夏，或可以一振國威，而靖康之禍，且可以不作。所以我們目光不可不遠，志願不可不大，而腳步不可不着實，手段不可不謹慎。凡政治家，都該知此義。

中國之貧且弱，並非由於物質的不足，而全是一個社會組織不善和人民未經訓練的問題。這種思想，是宋人所通有的，不過有人魄力大，要想實行；有人魄力小，就止於發議論；而其言之又有徹底和不徹底罷了。譬如蘇軾，是王安石的反對黨，然而他對制科策說，要取靈武：

> 則莫若捐秦以委之。使秦人斷然，如戰國之世，不待中國之援，而中國亦若未始有秦者，……則夏人舉矣。

當時宋以全國之力，不能克西夏，而蘇軾反欲以一秦當之，豈不可怪？然而一地方的實力，並非不足用，不過不善用之，所以發揮不出來罷了。當南宋之世，賀州的林勛，曾獻一種《本政書》。他又有《比較書》二篇。《比較書》說：

> 桂州地東西六百里，南北五百里，以古尺計之，為方百里之國四十。當墾田二百二十五萬二千八百頃；有田夫二百四萬八千；出米二十四萬八千斛；祿卿大夫以下四千人；祿兵三十萬人。今桂州墾田約萬四十二頃；丁二十一萬六千六百一十五；稅錢萬五千餘緡；苗米五萬二百斛有奇；州縣官不滿百員；官兵五千一百人。

他所說古代田畝、人口、收入、支出之數，固然不免誇大。因為古書本是計算之辭，並不是事實。所說當時墾田丁口之數，亦非實際的情形——因為必有隱匿。然而今古的相懸，要不能不認為事實。如此，則後世的人民，富厚快樂，必且數十百倍於古了，然亦未見其然。然則上所不取之財，到哪裏去了呢？這自然另有剝削的人取得去了。官和兵的數目雖減，要人民養活的人，其實並沒有減。然則社會的貧窮，實在是組織不善之故。以此推之，其弱，自然也是訓練之不得其法了。照他的《本政書》說，苟能實行他的計劃，則民凡三十五年而役使一遍；而租稅的收入，則十年之後，民之口算，官之酒酤，與凡茶、鹽、香、礬之權，皆可弛以予民。如欲以一秦之力，獨取西夏，自非有類乎這一種的組織不可，不過蘇軾不曾詳立計劃罷了。所以一時代中的人物，其思想，總是相像的；有時候看似不同，而實際上仍有其共通之點。

講到教化問題，宋朝人也有其觸着根本的見解。我們於此，請以歐陽修的《本論》為代表。《本論》說：

佛法為中國患千餘歲，世之卓然不惑而有力者，莫不欲去之；已嘗去矣，而復大集；攻之暫破而愈堅，撲之未滅而愈熾，遂至於無可奈何。是果不可去邪？蓋亦未知其方也。夫醫者之於疾也，必推其病之所自來，而治其受病之處。病之中人，乘乎氣虛而入焉。則善醫者不攻其疾，而務養其氣，氣實則病去，此自然之效也。……佛為夷狄，去中國最遠，而有佛固已久矣。堯舜三代之際，王政修明，禮義之教充於天下，於此之時，雖有佛無由而入。及三代衰，王政闕，禮義廢，後二百餘年，而佛至乎中國。由是言之，佛所以為吾患者，乘其闕廢之時而來，此其受患之本也。……昔堯舜三代之為政，設為井田之法，籍天下之人，計其口而皆授之田。……使天下之人，力皆盡於南畝，而不暇乎其他。然又懼其勞且息而入於邪僻也，……於其不耕休力之時，而教之以禮。……飾之物采而文焉，所以悅之，使其易趣也；順其情性而節焉，所以防之，使其不過也。然猶懼其未也，又為立學以講明之。……其慮民之意甚精，治民之具甚備，防民之術甚周，誘民之道甚篤。……耳聞目見，無非仁義；樂而趣之，不知其倦；終身不見異物，又奚暇夫外慕哉？……及周之衰，秦併天下，盡去三代之法，而王道中絕，後之有天下者，不能勉強，其為治之具不備，防民之漸不周；佛於此時，垂乘而出。千有餘歲之間，佛之來者日益眾，吾之所為者日益壞。井田最先廢，而兼併遊惰之奸起。其後……教民之具，相次而盡廢，然後民之奸者，有暇而為他，其良者，泯然不見禮義之及已。……佛於此時，乘其隙，方鼓其雄誕之說而牽之，則民不得不從而歸矣。

此篇對於史事的觀察，未必正確，然宗教的根源乃是社會的缺陷，則其說確有至理。現在請引我所作的《大同釋義》一段：

宗教果足以維持民心，扶翼民德，使之風淳俗美，漸臻上理邪？宗教者，社會既缺陷後之物，聊以安慰人心，如酒之可以忘憂云爾。宋儒論佛教，謂其能行於中國，乃由中國禮義之教已衰，故佛得乘虛而入；亦由制民之產之法已敝，民無以為生，不得不托於二氏以自養。斯言也，世之人久目為迂闊之論矣。然以論宗教之所由行，實深有理致，不徒可以論佛教也。世莫不知宗教為安慰人心之物，夫必其心先有不安，乃須有物焉以安慰之，此無可疑者也。人心之不安，果何自來哉？野蠻之民，知識淺陋，日月之運行，寒暑之迭代，風雨之調順與失常，河川之安流與泛濫，皆足以為利為害，而又莫知其所以然，則以為皆有神焉以司之，乃從而祈之，而報之，故斯時之迷信，可謂由對物而起。人智既進，力亦增大，於自然之力，知所以御之矣；知祈之之無益，而亦無所事於報矣；此等迷信，應即消除，然宗教仍不能廢者，何也？則社會之缺陷為之也。出師未捷身先死，長使英雄淚滿襟；但恨在世時，飲酒不得足；無論其為大為小，為公為私，而皆有一缺陷隨乎其後，人孰能無所求？憾享用之不足，則有托生富貴之家等思想焉；含冤憤而莫伸，則有為厲鬼以報怨等思想焉。凡若此者，悉數難終，而要皆社會缺陷之所致，則無疑也。人之所欲莫甚於生，所惡莫甚於死，缺憾不能以人力彌補者，亦莫如生死；故佛家謂生死事大，無常迅速，借此以畏怖人。天國淨土諸說，亦無非延長人之生命，使有所畏，有所歆耳。然死果人之所畏邪？求生為人慾之一，而人之有慾，根於生理，少之時，血氣未定，戒之在色，及其壯也，血氣方剛，戒之在鬥；及其老也，血氣既衰，則皆無是戒焉。然則血氣漸滅而至於死，亦如倦者之得息，勞者之知歸耳，又何留戀之有？《唐書・黨項傳》謂其俗，老而死，子孫不哭，少死以為天枉，乃悲。此等風俗，在自命為文明之人，必且誚其薄，而不知正由彼之社會，未甚失常，生時無甚遺憾，故死亦不覺其可悲也。龜長蛇短，人壽之修短，固不係其歲月之久暫，而視其心事之了與未了；心事苟百未了一，雖逮大齊，猶為夭折也，曷怪其眷戀不捨？又曷怪旁觀者之悲慟哉？夫人之所欲，莫甚於生，所惡莫甚於死，不能以人力彌補者，亦莫如生死，然其為社會之所為，而非天然之缺憾猶如此，然則宗教之根柢，得不謂為社會之缺陷邪？儒者論郅治之極，止於養生送死無憾，而不云死後有天堂可升，淨土可入，論者或譏其教義不備，不足以普接利鈍，而惡知夫生而有慾，死則無之，天堂淨土，本非人之所願欲邪？故曰：宋儒論佛教之言，移以論一切宗教，深有理致也。

又一段說：

孔子果聖人乎？較諸佛、回、耶諸教主，亞里士多德、柏拉圖、康德諸大哲如何？此至難言也。吾以為但論一人，殆無從比較。若以全社會之文化論，則中國確有較歐洲、印度為高者。歐、印先哲之論，非不精深微妙，然或太玄遠而不切於人生；又其所根據者，多為人之心理，而人之心理，則多在一定境界中造成，境界非一成不變者，苟舉社會組織而丕變之，則前此哲學家所據以研求，宗教家所力求改革者，其物已消滅無餘矣，復何事研求？孰與變革邪？人之所不可變革者何事乎？曰：人之生，不能無以為養；又生者不能無死，死者長已矣，而生者不可無以送之；故“養生送死”四字，為人所不能免，餘皆可有可無，視時與地而異有用與否焉者也。然則唯“養生送死無憾”六字，為真實不欺有益之語，其他皆聊以治一時之病者耳。今人率言：人制馭天然之力太弱，則無以養其生，而人與人之關係，亦不能善。故自然科學之猛晉，實為人類之福音。斯言固然，然自然科學，非孤立於社會之外，或進或退與社會無干係者也。社會固隨科學之發明而變，科學亦隨社會之情形，以為進退。究之為人之利與害者，人最切而物實次之。人與人之關係果能改善，固不慮其對物之關係不進步也。中國之文化，視人對人之關係為首要，而視人對物之關係次之，實實落落，以“養生、送死、無憾”六字，為言治最高之境；而不以天國淨土等無可徵驗之説誑惑人。以解決社會問題，為解決人生問題之方法，而不偏重於個人之修養，此即其真實不欺，切實可行，勝於他國文化之處。蓋文化必有其根源，中國文化，以古大同之世為其根源，故能美善如此也。

看這兩段，就可知宋儒的論宗教，確能觸及根本問題了。

宋儒的政治思想，還有一點，很可注意的，就是徹底。其徹底，一見之於王霸之辨，一見之於君子小人之辨。

王霸之辨，就是一係根本之計，一止求目前見功。根本之計，是有利無弊的。只求目前見功，則在這一方面見為利，在別一方面即見為害。或者雖可解決一時的問題，而他日的遺患即已隱伏。譬如訓練人民，使能和別國競爭，這是好的，然亦可隱伏他日之患。從前明朝倭寇滋擾時，福建沿海人民，有一部分，頗能自相團結，以禦外侮。這自然是好的。但是到後來，外侮沒有了，而（一）習於戰鬥之民，其性質業已桀驁不馴；（二）社會上有種種不妥洽的問題；（三）人民的生計，又不能解決；於是械鬥之風大盛，且有專以幫人械鬥為業的。因這一班人的挑唆鼓動，而械鬥之風更甚。我說這話，並非說外侮之來，無庸訓練人民，以從事於鬥爭。外國人打得來，我們豈能不和他打？要和他打，如何能不訓練人民呢？但是人民固須訓練之，以求其武勇，而（一）因此而發生的別種弊害，亦須在可能範圍內，設法減免。（二）且其提倡，只可以必要之度為限，否則徒為將來"轉手"時之累。──須知甚麼事，都不能但論性質，而要兼論份量。且性質和份量，原是一事。譬如服藥，若超過適宜的份量，其所刺激起的生理作用，就和用適宜的份量時，大不相同了。這本是很明白的道理。但（甲）天下人，輕躁的居多，精神專注在一方面，就把別一方面都拋開了。（乙）又有一種功名心盛的人，明知如此，而亦願犧牲了別一方面，以求眼前之速成。（丙）再有一種諂佞之徒，明知其然，而為保持飯碗，或貪求富貴起見，不恤依附急功近名之士。於是不顧其後的舉動就多，而隱患就潛伏着了。天下事件件要從根本上着手，原是事勢所不許，"急則治標"，"兩利相較取其重，兩害相較取其輕"，原是任何人所不能免。但在知道標本之別，又無急功近名之心的人做起來，則當其致力一事之時，即存不肯超過限度之念；或者豫為他日轉手之計。如是，則各方面都不虞偏重，禍根好少植許多了。所以立心不同的人，其所做的事雖看似相同，而實有其大不同者在，所謂"共行只是人間路，得失誰知天壤分"也。宋儒所以注重於王霸之辨，其原因就在於此。

　　有一種人，用他去辦事，是弊上加弊；另一種人，用他去辦事，則是維持現狀，不致更壞，前面已經說過了。最好的自然是去弊加利。但才德兼全的人，很是少見，如其不然，則與其用弊上加弊的小人，毋寧用維持現狀的君子。這種得失，是顯而易見的。但是世人往往喜用小人，這是為甚麼呢？明知其惡，專為其便辟側媚而用之的，就不必說了；誤以其為好人而用之的人，其心原是大公無私的，誤以為用了小人，能夠弊少利多，殊不知小人全是行虛作假。假，本身就是弊。所以用了小人，能夠使主持政治的人，全不知道政局的真相，大禍已在目前，還以為絕無問題，甚或以為大福將至。小人之所以能夠蒙蔽，全在一個"忍"字。明知其事之有害，而為一己之功名富貴起見，則能夠忍而為之。作偽以欺其上，則於心能安。種種作偽的情形，固不能欺在下的人，而彼亦恬然不以為恥。人是監督不盡的。隨事而監督之，勢將勞而不可遍，所以用人必當慎辨其心術。

這兩端，是世所目為迂闊的，然而在行政上，實有很大的參考價值。

凡事從根本上做起，既為事實所不許，則應付一時一事之術，大勢亦不能不講，這是所謂政治手腕。天下的體段太大了，一定要從根本上做起，深恐能發而不能收，倒還不如因任自然，小小補苴的好。這兩種思想，前一種近於術家，後一種卻近於道家了。宋朝的蜀學，就是這種性質。老蘇（蘇洵）和早年的大蘇（蘇軾），是前一種思想，大蘇到晚年，就漸近於後一種思想了。此種思想，歷代都有，蜀學在宋朝，也不算時代的特色，所以今不深論。

宋、元、明三朝的思想，都是發源於宋朝的，其規模，也都是成立於宋朝的；元、明只是襲其餘緒罷了。政治思想到明末，卻有一種特色，那就是君主和國家的區別，漸漸明白。這是時勢之所迫。一，因為明代的君主，實在太昏愚了，朝政實在太紊亂了。看夠了這種情況，自然使人覺悟君主之為物，是無可希望的；要澄清政治之源，自非將君主制度打垮不可；二，又宋、元兩朝，中國備受異民族的壓迫，明朝雖得恢復，然及末年，眼看建州女真又要打進來了。被異民族征服，和自己國內王朝的起仆，不是一件事，也是顯而易見的。因此，也使人知道王朝和國家的區別，且能使人覺悟幾分民族主義。這兩者，前者是黃梨洲《原君》、《原臣》之論，後者是顧亭林有亡國——今之王朝——有亡天下——今之國家——之說。現在人人知之，今亦不及。

第九講
清中葉前的政治思想

　　清朝入關以後，政治思想可以説是消沉的時期。這（一）因異族壓制，不敢開口。（二）則宋明的學風流行數百年，方向有些改變了。學者對於（A）國家、（B）社會、（C）個人修養的問題，都有些厭倦，而盡力於事實的考據。考據是比較缺乏思想的——固然，考據家亦自有其思想，但容易限於局部，而不能通觀全體。而且清朝人所講的考據，其材料是偏於古代的，所以對於當時的間題，比較不感興趣——如此，政治思想自然要消沉了。

　　靜止的物體，不加之以外力，固然不會動，但是苟加之以外力，外力而苟然達到相當的程度，也沒有終於不動的。西力東侵，是中國未曾有的大變局。受了這種刺激，自然是不會不動的。所以近代政治思想的發皇，實在我們感覺着外力壓迫之後。

　　感覺到外力壓迫之後，我們的政治思想，應該怎樣呢？照現在的人想起來，自然很為簡單，只要捨己之短，效人之長就是了。但是天下事沒有如此簡單的。須知西力東侵，是從古未有的變局，既然是從古未有的變局，我們感覺他，了解他，自然要相當的時間。須知凡事內因更重於外緣。向一外力，加於兩個不同的物體，其所起的反應就不同，這就顯得內在的力量更較外來的為重要。所以我們在近代，遭遇了一個從古未有的變局，而使我們發生種種反應。當這種情形之下，為甚麼發生如此樣子的反應呢？這一個問題，我們是要將內在的情形詳加探討，然後才能作答。我們內在的情形，卻是怎樣呢？

第一，中國因（A）地大，（B）人多，（C）交通不便，（D）各地方風氣不同，（E）社會的情形也很複雜，中央政府控制的力量有限；而行政是依賴官僚，官僚是無人監督就要作弊的；與其率作興事，多給他以舞弊的機會，還不如將所辦的事，減至最小限度的好。這是事實如此，不能不承認的。所以當中國的政治，在理論上，是只能行放任主義的；而在事實上，卻亦以放任主義為常，干涉主義為變。變態就是病態，人害了病，總是覺得蹩然不安，要想回復到健康狀態的，雖然其所謂健康狀態的，或者實在是病態。但是彼既認為健康狀態，覺得居之而安，就雖有治病之方，轉將以為厲己了。從來行干涉主義的，每為社會所厭苦，務求破壞之，回復到舊狀以為快，就是這個道理。事實上，中國是只能行放任主義的，但在人們的思想上則大不其然。中國思想的中心是儒家的經典，所稱頌的是封建制度完整時代。此時代的特色，是（甲）大同時代社會良好的規制，尚未盡破壞，（乙）而君主的權力也較大。人民受儒家經典的暗示，總覺得社會應該有一個相生相養、各得其宜、使民養生送死無憾的黃金時代，而此種時代，又可借政治之力以達之，所以無形之中，所責望於政府者甚深。以上所述，是老死牖下和實際政治無甚接觸，而觀察力也不甚銳敏的讀書人。若其不然，則其人又容易受法家的暗示。法家所取的途徑，雖和儒家不同，但其所責望於君主者也大。所以有實際經驗，或觀察力極銳敏的政治家，對於政府的責望，也總超過其實際所能的限度。

第二，在實際上，君主專制，是行之數千年了，但在理論上，則從來沒有承認君主可以專制。其在古代，本來是臣有效忠於君的義務，而民沒有的。反之，如儒家所提倡"民為貴，社稷次之，君為輕"等理論，則君反有效忠於民的義務。此等思想，雖然因被治階級之無能力而無法使之實現，但在理論上，是從來沒有被破壞過的。試看從來的治者階級，實際雖行着虐民的事，然在口頭，從來不敢承認虐民，不但不敢承認虐民，還要裝出一個愛民的幌子便可知道。立君所以為民，這種思想，既極普遍，然則為民而苟以不立君為宜，君主制度，自然可以廢除。這只是理論上當然的結論。從前所以不敢說廢除君主，只是狃於舊習，以為國不可一日無君，無君便要大亂；因為國不可一日無治，既要有政治，即非建立君主不可。現在既然看見人家沒有君主，也可以致治，而且其政治還較我們為良好，那麼，廢除君主的思想，自然要勃然而興了。兩間之物，越是被人看得無關緊要的，越沒有危險。越是被人看得重要的，其危險性越大。中國的君主，在事實上是負不了甚麼責任的，然在理論上，則被視為最能負責任，最該負責任的人，一切事情不妥，都要歸咎於他。

第三，中國人是向來沒有國家觀念的。中國人對所謂國家和天下，並無明確的分別。中國人最大的目的是平天下，這固然從來沒有能做到，然而從來也沒有能將國家和天下，定出一個明確的界限來，說我先把國家治好了，然後進而平天下。質而言之，則中國人看治國和平天下，並不是一件極大極難的事，要在長期間逐步努力進行，先達到一件，然後徐圖其他的——若以為難，則治國之難，亦和平天下相去無幾。總而言之，沒有認為平天下比治國更難的觀念。因為國就是天下，所以治國的責任，幾於要到天下平而後可以算終了。這種觀念，也是很普遍的。世界上有哪一種人，哪一塊地方，可以排斥於我們的國家以外，（A）我們對於他，可以不負責任，（B）我們要消滅他們以為快，這種思想，中國人是向來沒有的。中國人總願意與天下之人，同進於大道，同臻於樂利。有甚麼辦法，可以使天下的人，同進於大道，同臻於樂利，中國人總欣然接受的。

第四，確實，在從前也沒有一個真正可稱為國家的團體，和中國對立。但是和中國對立的團體，就真個沒有了麼？這個自然也不是的。這個對立的團體，卻是甚麼呢？那與其說是國家，無寧說是民族。本來國家是一個自衛的團體。我們為甚麼不和他們合一，而要分張角立，各結一團體，以謀自衛呢？這個自然也有其原因。原因最大的是甚麼？自然要說是文化，文化就是民族的成因了。中國所謂平天下，就是要各個不同的民族同化，使俱進於大道。因為中國人認自己的文化是最優的，所以和別個民族分爭角立，是中國人所沒有的思想。但在事實上，（A）他們肯和我們同化，自然是最好的。（B）如其不能，而彼此各率其性，各過各的安穩日子，那也不必說他。（C）他要來侵犯我們，那就有些不可恕了。（D）他竟要征服我們，那就更其不可恕了。理論上，中國人雖願與天下各民族共進於大道，但在事實上則未能。不但未能，而且還屢受少數民族的迫害，甚而至於被其所征服。這自然也有激起我們反抗思想的可能，雖然如此，中國人卻也沒有因異民族的迫害，而放棄其世界大同的思想。中國人和人家分爭角立，只是以人家欲加迫害於我時為限。如其不然，中國人仍願與世界上人共進於大道，共臻於樂利；壓服他人，腏削他人，甚而至於消滅他人的思想，中國人是迄今沒有的。

由第一，所以有開明專制的思想，這是變法維新的根源。由第二，所以民主的思想，易於灌輸。由第三，所以中國人容易接受社會主義。由第四，所以民族主義，漸次發生。

這是近代政治思想的背景。

第十講
近代的政治思想

　　近來講中國思想的人，往往把明、清間一班大儒，如顧亭林、黃梨洲、王船山等，算入清儒之列。其實這一班人，以學術思想論，決然該算入宋、明時代的一個段落中。雖然他們也懂得考據，然而考據畢竟和人的思想無關；況且他們的考據，也多帶主觀的色彩，算不得純正的考據。宋、明的學風衰息，而另開出一種清代的學風，一定要到乾、嘉時代的考據，然後可以入數，而這時代的人卻是比較的缺乏思想的。不但說不到政治上的根本問題，對於政治，也比較的不感興趣，所以我說，清代是政治思想消沉的時期。

　　但是乾隆中葉以後，朝政不肅，吏治敗壞，表面看似富強，實則民窮財盡，岌岌不可終日的情形已經完全暴露。深識遠見之士，每多引為深憂。鴉片戰爭，霹靂一聲，《南京條約》竟是城下之盟，更其不必說了。所以到此時代，而政治思想遂逐漸發皇。

　　這時代的政治思想，我們可以舉一個最大的思想家做代表，那便是龔自珍。他的思想，最重要之點有二：（一）他知道經濟上的不平等，即人們的互相剝削──經濟上的剝削，是致亂的根源。他卓絕的思想，見之於其大著《平均篇》。本來以民窮財盡為致亂的根源，歷代的政治家多有此思想。但是龔氏有與他人截然不同的一點。他人所謂貧，只是物質上的不足，而龔氏卻看穿其為心理上的不平。歷代承平數世之後，經濟上總要蹙然感覺其不足。在他人，總以為這是政治不良，或者風俗日趨於奢侈所致；在龔氏，則看穿了這是社會安定日久、兼併進行日亟所致。所以在他人看了，這只是一個政治上、道德上的問題，在龔氏看了，則成為社會問題。此種卓識，真是無人能及。至於社會問題，應該用政治之力來解決，至少政治應該加以干涉，這是中國人通有的思想，龔氏自然也在所不免的。（二）他總覺得當時的政治太無生氣；就是嫌政府的力量，不足以應付時局。這種思想，也是當時政治家所通有的，但龔氏言之，特別深切着明，其所作的《著議》幾乎全是表現此等思想。將經濟上的不平等，看作政治上的根本問題，這種思想從前的人是少有的。至於嫌政府軟弱無力，不足以應付時局，則是從前的人極普通的思想。康有為屢次上書，請求清德宗變法；他所以鍥而不捨，是因為他認為"專制君主，有雷霆萬鈞之力"。但是專制君主，究竟有沒有這個力量呢？這就是開明專制能否成功的根本原因了。關於這一個問題，我的意見是如此的：

中國的政治，是一個能靜而不能動的政治。就是只能維持現狀，而不能夠更求進步。其所以然，是由於：（A）治者階級的利益，在於多發財，少做事；（B）才智之士，多升入治者階級中，或則與之相依附；其少數則伏匿不出，退出於政治之外，所以沒有做事的人。君主所處的地位，是迫使他的利益和國家一致的，但亦只能做到監督治者階級，使其虐民不能超過一定的限度。這些話，從前已經屢次說過了。因此之故，中國政治乃成為治官之官日多，治民之官日少；作官的人，並不求其有甚麼本領；試看學校科舉，所養所取之士，都是學非所用可知。因此，中國的官吏，都只能奉行故事；要他積極辦事，興利除弊，是辦不到的。要救此項弊竇，非將政治機構大加改革不可。用舊話說起來，就是將官制和選舉兩件事，加以根本改革。若其不然，則無論有怎樣英明的君主勵精圖治，其所得的效果總是很小的。因為你在朝廷上，無論議論得如何精詳；對於奉行的官吏，無論催促得如何緊密；一出國門，就沒有這回事了——或者有名無實，或者竟不奉行。所以中國君主的力量，在實際上是很小的。即他所能整頓的範圍，極其有限。所以希望專制君主，以雷霆萬鈞之力來改革，根本上是錯誤的。因為他並無此力，開明專制的路，所以始終走不通，其大原因——也可說是其真原因，實在於此。

此等道理，在今日說起來，極易明白，但在當日，是無人能明白的——這是時代使然，並怪不得他們——所以所希望的，盡是些鏡花水月。我們試舉兩事為證：當清末，主張改革的人，大多數贊成（一）廢科舉，或改革科舉；（二）裁胥吏，代之以士人。只此兩端，便見到他們對於政治敗壞的根源，並沒有正確的認識。從前的科舉，只是士人進身的一條路。大多數應科舉的人，都是希望做官的。你取之以言，他便以此為專業，而從事學習。

所以不論你用甚麼東西——詩賦、經義、策論——取士，總有人會做的。而且總有做得很好的人。大多數人，也總還做得能夠合格。至於説到實際應用，無論會做哪一種文字的人，都是一樣的無用——詩賦八股，固然無用，就策論也是一樣——所以從前的人，如蘇軾，對於王安石的改革學校貢舉，他簡直以為是不相干的事。至於胥吏，從來論治的人，幾於無不加以攻擊。我卻要替胥吏呼冤。攻擊胥吏的人，無非以為（一）他們的辦事，只會照例，只求無過，所以件件事在法律上無可指摘，而皆不切於實際，而萬事遂墮壞於冥漠之中。（二）而且他們還要作弊。殊不知切於事實與否，乃法律本身的問題，非奉行法律的人的問題，天下事至於人不能以善意自動為善，而要靠法律去督責，自然是只求形式。既然只求形式，自不能切合於實際，就使定法時力顧實際，而實際的情形，是到處不同的，法律勢不能為一事立一條，其勢只能總括的説一個大概，於是更欲求其切於實際而不可得。然而既有法律，是不能不奉行的。倘使對於件件事情，都要求其泛應曲當，勢非釋法而不用不可。釋法而不用，天下就要大亂了。為甚麼呢？我們對於某事，所以知其可為，對於某事，所以知其不可為，既已知之，就可以放膽去做，而不至陷於刑辟，就是因為法律全國統一，而且比較的有永久性，不朝更夕改之故。倘使在這地方合法的，換一處地方，就變為不合法；在這一個官手裏，許為合法的，換了一個官，就可指為不合法；那就真無所措手足了。然則法律怎好不保持統一呢？保持法律統一者誰乎？那胥吏確有大力。從前有個老官僚，曾對我説："官不是人做的，是衙門做的。"他這話的意思是説：一個官，該按照法律辦的事情多着呢，哪裏懂得這許多？姑無論從前的官，並沒有專門的智識技能，就算做官的人都受過相當的教育，然而一個官所管的事情總是很多的，件件事都該有縝密的手續，一個人哪裏能懂得許多？所以做官的人，總只懂得一個大概；至於件件事情，都按照法律手續，縝密的去辦，總是另有人負其責的。這是中外之所同。在中國從前，負其責者誰呢？那就是幕友和胥吏。幕友，大概是師徒相傳的。師徒之間，自成一系統。胥吏則大致是世襲的。他們對於所辦的事情，都經過一定期間的學習和長時間的練習。所以辦起事來，循規蹈矩，絲毫不得差錯。一切例行公事，有他們，就都辦理得妥妥帖帖了。無他們，卻是決不妥帖的。須知天下事，非例行的固然要緊，例行的實在更要緊。凡例行的事，大概是日常生活所不可或缺的，萬不能一日停頓。然則中國從前的胥吏幕友，實在是良好的公務員。他們固然只會辦例行公事，然而非例行公事，本非公務員之職。他們有時誠然也要作弊，然而沒有良好的監督制度，世界上有哪一種人，能保其不作弊的呢？所以中國從前政治上的弊病，在於官之無能，除例行公事之外，並不會辦；而且還不能監督辦例行公事的人，使之不作弊；和辦例行公事的公務員——幕友胥吏，是毫不相干的。至於幕友胥吏的制度，也不能説他毫無弊病。那便是學習的秘密而不公開，以致他們結成徒黨，官吏無法撤換他。然而這是沒有良好的公務員制度所致，和當公務員的人，也是毫不相干的。

閒話休提，言歸正傳。內憂外患，既已不可收拾了，到底誰

出來支持危局呢？在咸、同之間，出來削平大亂，而且主持了外
交幾十年的，就是所謂湘淮軍一系的人物。湘淮軍一系的人物，
領袖是曾國藩，那是無疑的。曾國藩確是有相當政治思想的人。
他的思想，表現在他所做的一篇〈原才〉裏；這是他未任事時的
著作。到出而任事之後，他的所以自誓者，為"躬履諸艱，而不
責人以同患"。確實，他亦頗能實踐其所言。所以能有相當的成
功。他這種精神，可以說，還是從理學裏來的。這也可說是業經
衰落的理學，神龍掉尾，最後一次的表演。居然能有此成績，那
也算是理學的光榮了。然而理學家立心雖純，操守雖正，對於事
實的認識總嫌不足。其中才力大的，如曾國藩等，不過對於時事
略有認識；無才力而拘謹的人，就再不能擔當事務了。實際上，
湘淮軍中人物，主持內政外交最久的是李鴻章。他只是能應付實
際事務的人，說不上甚麼思想。

　　五洲萬國，光怪陸離的現象，日呈於目，自然總有能感受之
而組織成一種政治思想的。此等思想家是誰呢？第一個就要數到
康有為。康有為的思想，在中國，可以說是兼承漢、宋二學之流
的。因為他對宋學，深造有得，所以有一種徹底改革的精神。因
為他對於漢學，也有相當的修養，又適承道、咸以後，今文家喜
歡講甚麼微言大義，這是頗足以打破社會上傳統的思想，而與以
革命的勇氣的；所以他能把傳自中國和觀察外國所得，再加以理
想化，而組成一個系統。他最高的思想，表見在他所著的《大同
書》裏。這是要想把種界、國界、家族制度等，一齊打破的。他
所以信此境之必可致，是由於進化的觀念。他進化的觀念，則表

見於其"春秋三世"之說。"大同"是他究極的目的，和眼前的政治無關。說到眼前的政治，則他在戊戌變法以前，是主張用雷厲風行的手段，一新天下的耳目，而改變人民的思想的。政變以後，亡命海外，對於政俗二者，都觀察得深了，乃一變而為漸進主義。只看他戊戌變法時，上疏請剪髮易服，後來卻自悔其誤，就可知道，他所以堅決主張立憲，反對革命，其原也在於此。康有為到晚年，對於時局認識有些不清楚了。他堅決反對對德宣戰，甚而至於參與復辟，就是其證據。但他的議論，有一點可以注意的，便是他對於政俗二者，分別得很清楚。他對於政，固然主張改變，然其牽涉到俗的一部分，即主張審慎。至於社會上的事，則主張取放任主義，不加干涉。社會亦如自然物然，有其一定的法則，不是我們要他怎樣，就可以怎樣的。這在現今，已經是很明白的道理。然在現今，仍有許多人的舉動議論，似乎是昧於此理的。那末，他們自以為新，其實思想不免陳舊。像康有為這般被目為陳舊的人，其思想反有合於新科學了。康有為是頗頑固的，他的世界知識，得之於經驗的或者很多，得之於學問的實在很少，他的見解，怎會有合於新科學呢？那只好說是"真理是具存於天壤的，不論你從哪一方面去觀察，總可以有所得"的了。

說戊戌維新的，總以康、梁並稱。梁啟超，論其魄力的偉大，識力的深沉，都比不上康有為；可是他也有一種長處，那便是疏通知遠。他於學問，其實是無所心得的。卻是他感覺很銳敏，接觸着一種學問，就能去研究；研究了，總能有相當的了解；而且還能引用來批評現實；說得來無不明白易解，娓娓動聽。他的情感，亦是很熱烈的，還能刺激人，使之興奮。所以他對於中國的政治，可以說其影響實比康有為為大。尤其是《時務報》和《新民叢報》，在當時，真是風靡全國的。後來嚴復寫信給熊純如說"任公筆下，真有魔力"。把從甲午以後到民國，約二十年間，風氣轉變的功罪都歸之於他，在啟超，真可以當之而無愧。但是你要問我："梁啟超的政治思想是如何？"那我是回答不出來的。因為他自己並無獨到的、固定的政治思想——甚而至於可以說是一切思想，而只是善於了解他人，介紹他人——唯其無獨到，所以不固定；也唯其不固定，所以無獨到了。然而他對於實際的影響，其勢力之雄，功績之大，自是不可埋沒。

我們若將先秦的事比況，則康有為的性質，是近於儒家、陰陽家的；梁啟超的性質，是近於雜家、縱橫家的；嚴復、章炳麟的性質，卻近於道家和法家，嚴復譯赫胥黎的《天演論》，譯斯密雅丹的《原富》，譯斯賓塞的《群學肄言》，他對於自然的演變，看得最明白；而也最尊重這種力量，凡事都不主張強為。最注意的，是非銅匠而修理銅盤，在凸出處打一下，凸出處沒有平，別的地方，倒又凹凸不平起來了。這是近乎道家的。他又深知政治和社會不同。"政治不是最好的事"，所以主張現在該有魏武帝、諸葛孔明一流人，才可以致治，他的意見，都表見在民國初年寫給熊純如的若干封信裏，語重心長，我們現在每一披覽，還深歎他切於事實。大抵法家的長處，就在對於事實觀察的深刻清晰。所以不會濫引一種和現狀不合的學說來強欲施行。譬如治病，別的醫生往往懸想某種治法，可以收某種功效，而對於病人，卻沒有診察精細。法家是無此弊的，所以這一種人，實為決定政策時所不可少。章炳麟，在近代人物中，也是富於此等性質的。只看當立憲之論風起雲湧之時，他獨對於代議政體深致疑慮，就可以見得了。

於此，以我淺薄的見解，頗致慨於現代的論政者，更無梁啟超、嚴復、章炳麟其人。現代的政治學家，對於書本上的知識是比前人進步了。單是譯譯書，介紹介紹新學說，那原無所不可，然而他們偏要議論實際的政治，朝聞一說，夕即欲見諸施行。真有"子路有問，未之能行，唯恐有聞"的氣概。然而天下事，有如此容易的麼？聽見一種辦法，書本上說得如何如何好，施行起來，可以有如何如何的效驗，我們照樣施行，就一定可以得這效驗的麼？人不是鐵，學到了打鐵的方法來打鐵，只要你真正學過，是沒有不見效的。因為鐵是無生命的，根本上無甚變化；駕馭那一塊鐵的手段，決不至於不能駕馭這一塊鐵。種樹就難說些了，養馬更難說了，何況治人呢？且如民治主義，豈不是很好的，然而在中國，要推行民治主義，到底目前的急務，在於限制政府的權力，還在於摧抑豪強，用民政策，從前難道沒人說過，沒人試行過？為甚麼不能見效？我們現在要行，我們所行的和昔人同異如何？聯邦的組織，怎麼不想施之於蒙藏，反想施之於內地？要形成政黨，宋朝是最好不過的時代。因為新舊兩黨，一個是代表國家所要求於人民的，一個是代表人民所要求於國家的。倘使當時的新舊黨，能互認敵黨的主張，使有發表政見的餘地，加以相當的採納，以節制自己舉動的過度；憲政的規模，早已確立起來了。現在人議論宋朝史事的很多，連這都沒有見到，還算能引用學理以批評史實麼？

中國文化史六講

何謂文化，事極難言。追溯文化之由來，而其所以然之故，彌不易矣。予謂文化者，人類理性之成績也。人之舉措，直情徑行者果多，熟思審處者亦自不少。舉措既非偶然，成績必有可睹；一人然，人人從而效之；萬人然，後人率由不越，積久則成為制度，習為風俗。其事不容驟變，而其跡亦不可遽滅。此則所謂文化史者矣。

人之作事，恆因其境而異，各國民所處之境不同，故其所造之文化亦不同。觀其異同，而其得失可見矣。非茹荼不能知苦，觀於其粲然者，而其文化可知矣。故就我國社會，舉舉大端，分為二十篇述之。其目為：婚姻族制第一、戶籍階級第二、財產制度第三、農工商業第四、衣食居處第五、交通通信第六、政體官制第七、學校選舉第八、兵制第九、法律第十、財政賦稅第十一、文字印刷第十二、先秦學術第十三、兩漢經學第十四、玄學佛學第十五、理學第十六、清學第十七、史學第十八、文學美術第十九、神教第二十。

第一講
婚姻族制

《易》曰："有天地，然後有萬物。有萬物，然後有男女。有男女，然後有夫婦。有夫婦，然後有父子。有父子，然後有君臣。"若是乎社會之組織，實原於家族，而家族之本，又由於男女之牉合也。欲知文化之原者，必不容不知婚制及族制審矣。

今言人倫，必始夫婦。然夫婦之制，非邃初所有也。《白虎通》言：古之時，人民但知其母，不知其父。是為夫婦之制未立之世，斯時匹合，蓋唯論行輩。同輩之男，皆可為其女之夫。同輩之女，皆可為其男之妻。《周官·媒氏》有會男女之法。而《禮運》言"合男女，頒爵位，必當年德。"蓋由於此。其後慮以爭色致鬥亂，而程度日進，各部落之接觸日繁，乃有劫略或價買於異族者。昏禮必行之昏時，蓋即原於略奪。六禮之納徵，則賣買之遺俗也。《郊特牲》曰："取於異姓，所以附遠厚別也。"厚別所以防同族之爭亂，附遠則借此與異族結和親也。益進，則脫賣買之習，成聘取之禮矣。婚禮有六，曰納采（亦曰下達，男氏求婚之使）；曰問名（女氏既許婚，乃曰："敢請女為誰氏。"謙，不必其為主人之女也。問其姓氏者，蓋主人之親戚或傭婢之類也，果是主人之女，奚用問姓也。納采、問名共一使）；曰納吉（歸卜之於廟）；曰納徵（亦曰納幣，卜而得吉，使告女氏，納玄纁束帛儷皮）；曰請期（定吉日也。吉日男氏定之，然必三請於女氏，女氏三辭，然而告之，示不敢專也）；曰親迎，親迎之夕，共牢而食，合卺而酳，所以合體。同尊卑，以親之也。質（同平）明，贊婦見於舅姑。厥（三日）明，舅姑若饗婦。舅姑先降自西階，婦降自阼階，以著代也（此禮亦稱授室。與適 [同嫡] 子之冠於阼同，唯塚婦有之）。婦入三月（以三月氣候一轉也）而祭行。舅姑不在，則三月而廟見。未廟見而死，歸葬於女氏之黨，示未成婦也[1]。必三月者，取一時，足以別貞信也[2]。納徵之後，婿若女死，相為服喪，既葬而除之。故夫婦之關係，實是納徵始。然請期之後，婿若女之父母死，三年服闋，仍可別婚[3]。則禮必成於親迎。後世過重納徵，乃有未嫁婿死，女亦為之守貞者，宜清人汪容甫譏為好仁不好學。其蔽也，愚也。

娶妻之禮如此。若言離婚，則婦人有七棄，五不娶，三不去，說見《公羊解詁》（莊公二十七年。其說曰：“嘗更三年喪不去，不忘恩也。賤取貴不去，不背德也。有所受無所歸不去，不窮窮也。喪婦長女不娶，無教戒也。世有惡疾不娶，棄於天也。世有刑人不

---

1 《禮記・曾子問》。

2 《公羊》成公九年，《解詁》。

3 《禮記・曾子問》。

娶，棄於人也。亂家女不娶，類不正也。逆家女不娶，廢人倫也。無子棄，絕世也。淫佚棄，亂類也。不事舅姑棄，悖德也。口舌棄，離親也。盜竊棄，反義也。嫉妒棄，亂家也。惡疾棄，不可奉宗廟也）。《大戴禮記·本命篇》略同。後世法律亦有七出之文，然社會情形今古不同，故律所強其出之者，唯在義絕。何謂義絕，律無明文，蓋難言之，故以含渾出之也。

婚禮精義，在於男不親求，女不親許（今世婚姻適得其反矣。吁！）。故如魯季姬使鄫子請己，《春秋》大以為非[4]。然如《左氏》所載，子南子晳，爭婚徐吾氏，乃使其女自擇者，亦非無之[5]。昏禮不稱主人，特其形式而已[6]。固非如後世全由父母主婚，男女絕不與聞也。

婚年。《書傳》（《尚書大傳》）、《禮記》、《公》、《穀》、《周官》皆云男三十，女二十。《墨子·節用》、《韓非·外儲說右下》則曰男子二十，女十五。《大戴禮記·本命》謂大古男五十，女三十。中古男三十，女二十。此皆為之極限，使不可過。非謂必劃若畫一也。大抵婚年早者，出於蕃育人民之意。遲則由於古人財力不及，故“殺禮多婚”為《周官·大司徒》荒政十二之一。古者霜降逆女，冰泮殺止[7]。至於仲春而猶不能婚，則其財力不逮可知。故《周官·媒氏》，仲春會（計也）男女，奔者不禁。所謂奔

4　《公羊傳》僖公十四年。

5　《左傳》昭公六年。

6　《公羊傳》隱公二年。

7　《荀子·大略》、《春秋繁露·循天之道》。

者，謂不備禮，正以貧乏故也。六禮不備曰奔，非淫奔之謂也（婚年婚時，以王肅之說為通。見《孔子家語・本命解》及《詩・摽有梅疏》）。後世生計漸裕，則婚嫁較早。曹大家十四而適人，漢惠帝令女子十五不嫁五算（惠帝時成年者納一算）[8]，皆其徵也（《大戴記》謂婚年自天子至庶子同。《左氏》則謂國君十五而生子。見襄公九年）。越勾踐撓敗於吳，乃頒律男女十七不婚嫁者，科其父母，以進生殖也。

畜妾之俗，起於富貴之淫侈。《鹽鐵論・散不足篇》謂"古者一夫一婦，而成家室之道。"[9]妾非邃古所有，見於書傳者唯此而已。妾御之數見於經者，《公羊》謂天子取十二女[10]，諸侯九（莊公十八年。取一國，則二國往媵，皆有姪娣。夫人有左右二媵。姪為今之內姪女，娣為今之小姨）。《曲禮》謂"天子有后，有夫人，皆世婦。有嬪，有妻有妾。公侯有夫人，有世婦，有妻有妾。"《昏義》謂天子有一后，三夫人，九嬪，二十七世婦，八十一御妻（《周官》無三夫人，有世婦女御，而不言其數）。案冠、昏、鄉、射、燕、聘諸義，皆《儀禮》之傳，傳文皆以釋經。唯《昏義》末節，與經不涉，文亦不類。而百二十人之數，適與王莽和、嬪、美、御之制合（和、嬪、美、御亦一百二十人），其為後人竄入無疑。古者諸侯不再娶，所以"節人情，開媵路"也（《公羊》莊公十八年。《儀

8　見《女誡》及《漢書・本紀》。

9　《鹽鐵論・散不足篇》原文曰："古者，夫婦之好，一男一女而成家室之道。及後，士一妾，大夫二……"

10　《公羊傳》成公十年，《解詁》。

禮·喪服傳》。媵與夫人之娣，為貴妾，得為繼室）。《昏禮》曰：
"無大夫冠禮而有其昏禮，古者五十而後爵，何大夫冠禮之有？"
然則大夫五十猶得再娶，其為繼娶可知。得繼娶，其本為妾媵可
知。故知畜妾為後起之俗也。

《顏氏家訓》云："江左不諱庶孽，喪室之後，多以妾媵終家
事。河北鄙於側出，不預人流。是以必須重娶。至於三四。"蓋
江左猶存有妾不得再娶之義，河北則蕩然也。《公羊》質家（《公
羊》有文質兩家，質求實際也），母以子貴（隱公元年。又《春秋繁
露·三代改制質文篇》），然妾為夫人，特廟祭之，子死則廢[11]，猶
與正夫人有別。此由本為妾媵故然。再娶事自有異。《唐書·儒
學傳》：鄭余慶廟有二妣，疑於祔祭，請諸有司。博士（博士為
太常寺司員，掌禮也）韋公肅議曰："古諸侯一娶九女，故廟無二
適。自秦以來有再娶。前娶後繼，皆適也。兩祔無嫌。"余慶用
其議，後世亦多遵之（同為適室，只限繼娶。若世俗所謂兼祧[嗣
也]雙娶等，則為法所不許。大理院統字四百二十八號解釋，以後
娶者為妾）。妾之有無多少，古視貴賤而分，後世則以貧富而異。
法律仍有貴賤立別者（如《唐書·百官誌》：親王孺人二人，媵十
人。二品，媵八人。國公及三品，媵六人。四品，媵四人。五品，
媵三人）。庶人娶妾亦有限制（如《明律》，民年四十以上無子者，
方聽娶妾，違者答四十）。然多成具文而已。

貞婦二字，昉見《禮記·喪服四制》。宋伯姬逮火而死（魯女

---

11 《公羊傳》隱公五年，《解詁》。

嫁宋伯姬。古例傅姆不下堂。傅，年長之男侍。姆，年長之女侍）。《春秋》特書之 12。以及《茅苢》、《柏舟》（柏舟，齊公主嫁衛國君，甫抵衛城而國君亡）、《大車》之序於《詩》（皆見《列女傳》。劉向學《魯詩》，今詩分魯、齊、韓三家，古唯《毛詩》而已）。皆可見儒家之崇獎貞節。然有淫通者，亦不以為大過（《凱風》之詩，衛有七子之母，不安其室。而孟子曰："《凱風》，親之過小者也"）。視再嫁尤為恆事（《郊特牲》曰："壹與之齊，［妻也］終身不改，故夫死不嫁。"案："壹與之齊，終身不改。"謂不得以妻為妾。非謂不得再嫁。《註》亦不及再嫁義。此語為後人竄入無疑）。宋學家好作極端之論。宋學盛行，而貞節乃益重，上中流女子改嫁者幾於絕跡矣。世多以伊川"餓死事小，失節事大"之言為詬病。案此語出程氏《外書》，《外書》本不如《遺書》之可信，而此語之意亦別有在（意在極言失節之不可，非主婦女再嫁言也），泥其辭而昧其意，亦流俗無識使然，未可專咎小程也。

倡妓之始（娼妓本作倡伎，最初之時，本為男人所操之業。日本謂之賣淫），世多以《管子》女閭三百為徵，此蓋後世樂戶之流。至於私倡，則其原始無可徵矣。後世樂戶，多以罪人及其家屬充之，或取諸賤族。詳見《癸巳類稿》（樂戶分官奴婢和私奴婢兩種，俞正燮［理初］著有《樂戶集》）。

以上論婚制竟。以下略論族制。

夫婦之制既為邃初所未有，則保育子女之責，必多由母任之。

12《公羊傳》襄公三十年。

故人類親親之情，必造端於母子。知有母，則知有同母之人焉。由此而推之，則知有母之母焉。又知有與母同母之人焉。親屬之關係，自此昉也。故古代血統，以母為主，所以表其血統者為姓。於文，女生為姓，職是故也。女系時代，得姓之由，略如下圖：

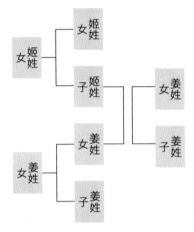

斯時甥舅為一家之人（同姓一，異姓二，陰陽之意也。母黨者，生之所自出也；妻黨者，生之所由出也，終始之義也。其後所生者雖不同，而其為甥舅則一也，均異姓也），而世叔父則否，歐俗財產或傳諸甥。人類生計必自漁獵進於遊牧，自遊牧進於耕農。漁獵之世，民居山谷洲渚之間，可以合族而處。遊牧須逐水草，耕農各有分地，斯不然矣。丁斯時也，人民由合而分，而女子遂為男子之私屬。私其子姓，人有恆情，有財產者，必思傳於子。又古代職業，父子相繼，欲知其人為何如人者，必先知其父為何如人。財產權力之統系，亦必有以表之。夫是之為氏。故姓之始恆從女，而氏之起恆從男。

然至男權日張，妻子皆為之私屬（周時子姓乃隨父，如文王姓姬，夫人任武王亦姓姬），則表女系之姓，亦易而為男系。如周姓姬，齊姓姜，宋姓子是也。是之謂正姓，同出一祖者，正姓皆同。而又有氏以表其支派。若魯之三桓（孟孫氏、仲孫氏、季孫氏），鄭之七穆是也。是之謂庶姓[13]。三代以前，大抵男人稱氏，女子稱姓[14]。姓百世尚不更，氏數傳而可改。封建既廢，譜牒淪亡，正姓多不可知。亦無新起之庶姓，而姓氏之別遂亡[15]（古有王牒纂修館）。

下圖九族，為今《戴禮》、《歐陽尚書》說。

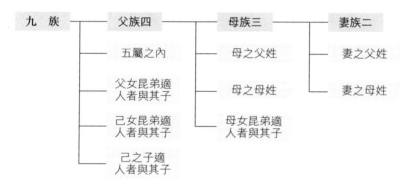

古文家以上自高祖，下至玄孫為九族，乃九世之誤也（俞蔭甫說）。宗法至周而始詳，蓋亦至周而始嚴，其法以別子為祖。別子之正適為大宗，次子以下皆為小宗。小宗之正適，為繼禰小宗，其正適為繼祖小宗，以次相傳，為繼曾祖小宗，繼高祖小宗。繼禰者兄弟宗之，繼祖者從兄弟宗之，繼曾祖者再從兄弟宗之，

---

13 詳見《禮記》、《尚書大傳・註疏》。

14 詳見顧亭林《原姓》。

15 詳見《通誌・氏族略》。

繼高祖者三從兄弟宗之。六世親盡，則不復宗事與我同六世之正適，故曰五世而遷。大宗之正適，則永為同出一祖者所宗事，故曰百世不遷。凡諸小宗，皆為大宗所統攝。族之殤與無後者，從祖附食，皆祭於大宗之家。故小宗可絕，大宗不可絕[16]。大宗不絕，則同出一祖之人，皆能摶結而不散，此宗法之組織所以為堅強而悠久也。天子者，同姓諸侯之大宗。諸侯者，同姓大夫之大宗。故曰"君之宗之"[17]。然則宗子皆有土之君，故能收恤其族人。族人皆與宗子共生息於其封土，故必翊戴其宗子。此宗法與封建，所以相輔而行也[18]。古者諸侯不敢祖天子，大夫不敢祖諸侯。祖，正統之世祖也。宗，旁系也。

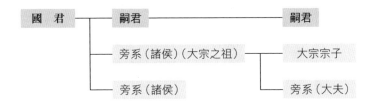

如上圖，大宗之祖不能稱國君為祖也，然稱宗則可也。而不能親與祭，以正名也。旁系在本系內稱諸侯，至別系內又得稱世祖。小宗在別系內又得稱大宗。

16 《儀禮・喪服》。

17 《詩・篤公劉》。

18 九族之義，詳見《五經異義》。宗法詳見《禮記大傳》。

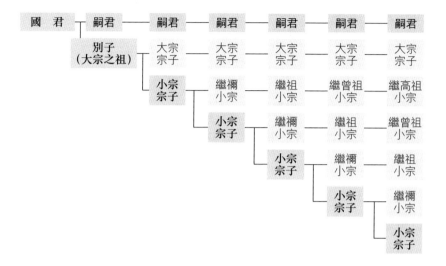

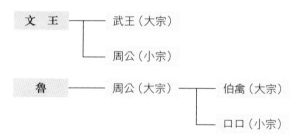

　　古代之民所以篤於宗族者（先有族後有宗），以其時人類相親
相愛之情未廣，分工協力之道未備，政治與生計之摶結，皆止於
是也。後世親愛之情日擴，通工易事之範圍亦日廣。職業複雜，
斷不容聚族而居，強宗巨家或且為政令之梗。則宗法不得不替，
而相生相養，專恃五口八口之家，治理則胥由於國矣（有謂古之
家族觀念厚，今則家屬觀念薄，實則非人心之異，乃社會之組織不
同有以致也。古者社會組織簡陋，宗族事務非協力無以生存。今則
適趨其反，工商發達，凡百事業，皆可以金錢代力。則宗族愈大，
反致無濟於事，是以宗族之觀念疏焉）。喪服同財，以大功為限。

平民有弟，則為餘夫[19]。可見古者卿大夫之家，較今日普通之家為大。平民之家，則相等也。五口八口，為一夫，上父母，下妻子。此謂相生相養，不得不然之搏結。較諸歐人，亦僅多上父母一代耳。此非至人人"不獨親其親，不獨子其子"之世，不易破除也。宗族百口，累世同居之事，史傳多載之。篤舊者侈為美談，喜新者又以為訴病，其實以中國之大，此乃鳳毛麟角耳。制度與社會組織，格不相入，未有能行之廣，持之久者也。繼嗣之法，自周以來始專重適長。其時宗族方盛，宗子之地位最尊。有一大宗，則同出一祖之人皆得所依倚，故所不可絕者僅大宗。後世宗法既廢，敬宗收族之意亦亡。而"不孝有三，無後為大"之見解依然如故，遂至人人皆欲立後，此其勢實不可行。故儀禮之家多非之。然財產既許私有，無後則產無所歸，歸公非人情所願。近親分受，轉益糾紛，尚不如立一人焉。主其祀而襲其產之為得，此習俗之所以重立嗣，而法律亦從而許之也。唯今世法律，當重保護人之財產，立後與否，當聽其人之自願。財產歸諸何人，當一憑本人之意。而法律於此，不能盡符。此則未盡善者耳（趙甌北先生著《陔餘叢考》一書，專敍歷史上制度與社會組織正史所遺漏不載）。

兼祧之法（長房之子兼祧於其次各房者，則於本生父母服三年而於兼祧父母服一年。小房之子兼祧長房者，於本生父母服一年，於兼祧父母三年）創於清高宗時。蓋一族人丁衰少時，往往近親固無多丁，遠房亦無支子。清律禁立異姓為後（唯仍得為養子，

19《孟子・滕文公上》。

且得分給財產）。又禁昭穆（輩分相稱也）失序，非如是，不能令
人人皆有後也。女子繼承，系國民政府新定之法，於理固當。然
與習俗相違，推行盡利，尚非旦夕間事也。

第二講
戶籍階級

　　凡治皆以為民，亦凡治皆起於民。故戶籍者，一國政治之根本也。吾國戶口之清晰，蓋尚在三代以前，斯時國小而為治纖悉。君、卿、大夫，皆世守其地，易知民之情偽，又生事簡陋，交通阻塞，社會風氣誠樸。而民之輕去其鄉者少，故戶籍易於清釐。後世則一切反是，故其民數遂至無可稽考也（中國古時戶口之不得清查，丁、戶稅之存在，亦為一大主因）。

　　清查戶口，必始鄉里。鄰比之制（鄰比之利，猶今之區鎮街長是也），實為其基。《周官》小司徒，頒比法於各鄉，使各登其鄉之眾寡，承行其事者，蓋皆比閭族黨之長，司民登萬民之數，特為之會計而已。後世鄉職，名存實亡。官吏又皆客籍，視其位為傳舍（逆旅也），此等詳密之政，安得推行盡利哉！而其尤為清查之累者，則莫如戶籍役籍，並為一談一事。

　　徐幹（漢末年人）《中論》曰：“民數者，庶事之所出也。以分田里，以令貢賦，以造器用，以制祿食，以起田役，以作軍旅。”蓋古之清查戶口，有裨治理如此。後世此等事一切不問，特為收稅起見，加以清查。則人民安得不隱匿，官吏又安肯切實奉行乎？

歷代清查戶口之法，雖難具詳，要之在官必始於縣，自此上達於郡，更上達於中央或監司之官。自縣以下，則委之吏胥及鄉職。吏胥舞弊，鄉職蠢愚，其不能善其事，無待再計矣。略舉其弊，約有七端。酷吏務求增丁，畏葸者亦不敢減；戶有死絕，攤諸現存，一也（清以前人民須行度牒，方得落髮空門。清以來乃廢，以致僧侶益眾）；貨賄出入，任意低昂，二也；吏胥婪索，三也（此弊之在官吏者也）；詐稱客籍，冒為士族，或妄托二氏（二氏者，和尚道士也）以規免役，四也；脫戶漏口，五也；豪強隱佔，親屬蔽匿，六也；戶役輕重各有不同（如軍、民、匠、灶等），情有趨避，遂生詐冒，七也（此皆弊之在民者也）。總而言之，役籍不實而戶籍與之並為一談，其不能實，無待再計矣。

姑以明清近事徵之。明制：以百十戶為里（在城曰坊，近城曰廂），歲役里長一人，甲長十人，以司其事。民數具於黃冊。黃冊以戶為經，以田為緯，亦以里長司之。而上諸縣，縣上諸府，府上諸布政司，布政司上諸戶部，歲終以聞。命戶科給事中一人，御史二人，戶部主事四人校焉。其制似極精詳，黃冊先載戶數，次載當差丁數，次載男婦口數，末總計當差丁數。鰥、寡、孤、獨，不能應役者，附十甲後為畸零。僧道有田者，編冊如民科，無田者亦為畸零。果能推行盡利，全國民數亦未始不可周知。然總結只具當差人丁，其法已不盡善。況於當差人丁，數亦未必得實。不當差之男婦，其如隨意填寫，抑真加以清查，更不可知乎。

又況乎後來並黃冊而無之，或有之而全不實。釐定賦役，但憑所謂白冊者乎（各縣自造，以供定賦役之用者，謂之白冊）。明制，五年一均役，十年則更造黃冊。清初三年一編審，後改為五年，所謂編審，與清查人口全無干涉，只是將全縣應收丁稅，攤之各戶而已。此時丁稅，實早攤入田畝。故康熙五十年，有"嗣後滋生人丁，永不加賦"之詔。非不欲加丁稅，明知即加之，所得亦終有限也。雍正四年，徑將丁銀攤入地糧，自此編審不行。乾隆時，遂憑保甲以造戶冊。保甲固與役法無關，然其立法極詳密。以昔時政治之疏闊，安能實力奉行，則亦具文而矣。人謂編審停而戶口之數較得實，吾不信也。

　　嬴秦以前，戶口之數已無可考。自漢以來，則數見史籍。大約口數盛時，多在六七千萬左右，最少時不足千萬（歷代戶口之數，可看"三通"考戶口考最便），此可覘歷代口稅盈絀耳，與戶口之數實無涉也。乾隆既停編審，戶口之數驟增，口數逾一萬萬。自此遞有增加，道光十五年，遂逾四萬萬。今日習稱中國人口為四萬萬，由此也。

　　中國議論，有與歐洲異者。歐洲古希臘等皆小國，崎嶇山海之間，地狹人稠，過庶之形易見。故自亞里士多德（古希臘大哲學家）以來，已有人眾而地不能容，為最後之憂之說。馬爾薩斯之人口論，特承其餘緒而已。中國則大陸茫茫，唯患土滿。故古之論者，多以民之不庶為憂，後世雖有租庸調等計口授田之法，實未必行。故過庶之患難見。而政治主於放任，調劑人口等事，政府又素不關懷。殖民之說，尤自古無有。數千年來，國內則荒處自荒，稠密處自患稠密。開疆拓土，亦徒以饜侈君喜功好大之心，於人民無甚裨益。"年年戰骨埋荒外，空見葡萄入漢家。"古來暴骨沙場，不知凡幾，而訖今日，仍以廣田自荒，啟戎心而招外侮。誦昔人之詩，能無深慨乎！

　　古有恆言曰君子小人，所謂君子，蓋執政權者之通稱。所謂小人，則不與政，自食其力者也。大抵古代階級由於戰爭，有戰爭，則有征服者，亦有被征服者。征服者之同姓、外戚、功臣、故舊，謂之百姓（古百姓於民異義，如《堯典》"平章百姓"與"黎民於變時雍"分言）。其餘則因其職業之異分為士、農、工、商。士之初，蓋戰士之意。當時政事，蓋多在此等人手，故後遂變為任事入仕之稱。初任事者曰士，士而受爵，則為大夫，此皆所謂君子。自士以下，執事者門庶人。"士有員位，而庶人無限極"[20]，則與農、工、商同為小人矣。士、農、工、商，通稱"四民"，野人則變民言甿[21]。蓋民為征服人之族，居於郭以內。野人則服於人之族，居於郭以外（城為極小之方圍，郭乃大範圍之城，無定形，郭內景象，一如鄉村。然郭內多行畦田制，郭外多行井田制，以郭內多不平之地也。古制居於郭之內者，稱國人，居於郭之外者，稱野人。大概國人為戰勝民族，野人為戰敗民族，其待遇迥異。孟子曰："國人皆曰可殺，然後殺之。國人皆曰可用，然後用之。"故國人之力大焉，而野人無與也）。古代參與政治，實唯國人（如

---

20 《孝經·庶人章·疏》引嚴植之語。
21 《周官·遂人註》。

詢國危，詢國遷，詢立君等，見《政體篇》）。其後封建制壞，君卿大夫漸失其位，遂至與民無別。而國人增殖，不能不移居於野。野日富厚文明，浸至與國無異，則國人野人之跡亦泯矣。又有所謂奴婢者，蓋以罪人及俘虜為之。《周官》司隸有五隸，罪隸為罪人，閩隸、蠻隸、夷隸、貉隸皆異族。蓋戰勝所俘也。然其除去奴籍，初不甚難。《左氏》襄公三十二年，斐豹請殺督戎，范宣子喜曰：“而殺之，所不請於君焚丹書者，有如日。”則以君命行之而已。後世人主每以詔旨釋放奴婢，殆亦沿之自古歟。

古代之階級，由貴賤而分。封建政體既坏，則由貧富而異。秦漢之世，擁厚資者大略有三：曰大地主；曰擅山澤之利者；曰大工商。董仲舒言，富者田連阡陌，貧者無立錐之地。此則所謂大地主。《史記・貨殖列傳》所載事種樹、畜牧、煮鹽之人，此所謂擅山澤之利者也。晁錯謂當時商賈，交通王侯，力過吏勢。以利相傾，千里遊敖。乘堅策肥，履絲曳縞。當時所謂商賈，實兼製造之家言之。如孔僅為南陽大冶是也。此所謂大工商也。《漢書》謂編戶齊民，同列而以財力相君，雖為僕隸，猶無慍色。貧富階級之顯著概可見矣。然古代貴賤之階級，亦非至此而遂劃除淨盡也。其遺留者，則為魏晉以後之門閥。

唐柳芳論氏族曰：“氏族者，古史官所記也。昔周小史，定系世（《系》，帝系也。《世本》，諸侯卿大夫之家譜也），辨昭穆，故古有《世本》，錄黃帝以來至春秋時，諸侯卿大夫名號繼統。秦既滅學，公侯子孫，失其本系。漢興，司馬遷父子乃約《世本》修《史記》，因周譜明世家，乃知姓氏之所由出。虞、夏、商、周、昆吾、大彭、豕韋、齊桓、晉文，皆同祖也，更王迭霸，多者千祀，少者數十代。先王之封既絕，後嗣蒙其福，猶為強家。漢高帝興徒步有天下，命官以賢，詔爵以功。先王公卿之冑，才則用，不才棄之。不辨士與庶族，始尚官矣。然猶徙山東豪傑以實京師。齊諸田，楚屈、景，皆右姓也。其後進拔豪英，論而錄之。蓋七相五公之所由興也。魏氏立九品，置中正，尊世冑，卑寒士，權歸右姓已。其州大中正主簿，郡中正功曹，皆取士族為之，以定門冑，品藻人物。晉、宋因之，始尚姓已（中正之弊，唯能知其閥閱，非復辨其賢愚，是亦九品制之不完美也。所謂尊世冑，卑寒士，助長階級之氣焰。上品無寒門，下品無世族）。於時有司選舉，必稽譜籍而考其真偽。故宦有世冑，譜有世官。賈氏、王氏譜學出焉。由是有譜局（譜局為齊梁時所設），令、史職皆具。夫文之弊，至於尚官；官之弊，至於尚姓；姓之弊，至於尚詐。隋承其弊，不知其所以弊。乃反古道，罷鄉舉，離地著，尊執事之吏。於是乎士無鄉里，里無衣冠，人無廉恥，士族亂而庶人僭矣。"[22]此說於階級興替，言之殊為了然。蓋古代貴族宗支，具存譜牒。故與平民不相混。此等譜牒，本皆職以官司。逮封建廢而官失其守，譜牒淪亡。漢世用人，又不拘門第，自古相沿之階級，本可至斯而泯。然沿襲既久，社會視聽，驟難變易，故魏晉以降，其焰復張。當時士庶之隔，有若鴻溝。婚姻不相通，臚仕不相假，甚至一起居動作之微，亦不相儕偶。觀《陔餘叢考·六朝重氏族》

一條可見（琅邪王姓、博陵崔姓，皆貴族也）。唐文宗欲以公主降士族，曰："民間婚姻，不計官品而尚閥閱。我家二百年天子，反不若崔、盧邪？"[23] 可見唐末此等風氣尚盛。乃至五季，而"取士不問家世，昏姻不問閥閱。"[24] 千年積習，一旦捐除，雖曰遭遇喪亂，官私譜牒淪亡（《昭明文選》譏琅邪王與富陽滿通婚姻事，以不明譜牒也），亦何遽至此哉？君子觀於此，而知世變之亟也。凡蟠踞社會之上層者，必有其實力，實力唯何，一曰富，一曰貴。貴者政治上之勢力，富者社會上之勢力也。觀《廿二史劄記》之"江左世族無功臣"、"江左諸帝皆出庶族"、"南朝多以寒人掌機要"等條，而知士族政治勢力之式微。觀《日知錄·通譜》、《廿二史劄記·財婚》等條，而知庶族社會勢力之雄厚。社會之組織，既不容由憑恃財力，復返於憑恃武力。則徒借相沿閥閱以自雄者，終不能不為新起的豪強所替代，有斷然矣。蓋至此而自古相沿之階級盡矣。論者或以崇尚門閥，區別士庶為美談，而轉陋隋唐之所為，豈知言哉？

門閥既廢，則為平等之累者，唯有奴婢。奴婢有二：以罪沒入者為官奴婢，以貧鬻賣者為私奴婢。二者皆漢世最盛，而後漢光武一朝，免奴最多[25]，殆可稱中國之林肯。不過政治力強，莫敢舉兵相抗而已。古代奴婢，皆使事生業（所謂"耕當問奴，織當問

---

23 《舊唐書·杜兼傳》。

24 《通誌·氏族略》。

25 皆見《本紀》。

婢"），非如後世以供驅使，故其數可以甚多。白圭、刁間、蜀卓氏皆以此起。後世二者亦不絕，然政治常加以糾正，故其勢不能大盛。大抵官奴婢有赦令則免，私奴婢則或以詔旨勒令釋放，或官出資為贖，或令以買直為庸資，計其數相當則免之。然在民國以前，其跡終未能盡絕也。又有所謂部曲者，其初蓋屬於將帥之卒伍，後遂為之私屬（《續漢書•百官誌》：大將軍營五部，部下有曲，曲下有屯，此部曲本意。《三國魏誌•李典傳》：宗族部曲三千餘家，居乘氏，自請願徙詣魏郡。《衛覬傳》：鎮關中，時四方大有還民，諸將多引為部曲，覬書與荀或謂郡縣貧弱不能與爭，兵家遂強，一旦變動，必有後憂，皆部曲專屬將帥之證）。部曲之女，謂之客女，較平民為賤，而較奴婢為貴，自魏晉至唐宋皆有之。

　　古代婢妾，本無區別，故以罪沒入之婦女，亦可使之執伎薦寢以娛人，是為樂戶。此制歷代皆有，直至清世始全廢。俞氏正燮《癸巳類稿》有文紀之。又歷代以罪淪為賤民者極多，至清世亦皆放免（如江山之九姓等），亦見俞氏文中。在清代，所謂身家不清白者，唯倡優皂隸，及曾鬻身為奴者而已。然不許應試入仕，亦僅以三世為限也。至民國，乃舉此等污跡一律剗除焉。

　　以上所述，為本族之階級，而本族與異族間之階級，亦隨武力之不競而俱起。此則述之而滋可傷者已。我族為異族所征服，自五胡之亂始。史稱高歡善調和漢人與鮮卑，其語鮮卑人曰：漢民是汝奴，夫為汝耕，婦為汝織。輸汝粟帛，令汝溫飽，汝何為陵之？其語漢人則曰：鮮卑是汝作客。得汝一斛粟，一匹絹，為汝擊賊,令汝安寧,汝何為疾之?以漢人任耕,鮮卑任戰。儼然一為武士,一為農奴焉。五胡之待中國人可知矣。遼金元清,猾夏尤甚。遼自太祖,即招致漢人別為一部,卒以此併八部而成帝業。然終遼之世,徵兵必於部族。五京鄉丁,僅使保衛閭里而已。遼世設官,分南北面。北以治部族宮帳,南以治漢人州縣,而財賦之官,南面特多,蓋朘漢人以自肥也。遼金漢人不雜居,其禍尚淺。金則猛安謀克戶入中原者,皆奪民地以畀之。宣宗南遷,騷擾尤烈,致成骨仇血怨,一朝喪敗,屠戮無遺。觀其後來報之慘,而知其初陵之烈矣 26。元入中國,至欲盡戮漢人,空其地以為牧場 27。雖不果行,而漢人入奴籍者甚多,雖儒者亦不免 28。元世分人為蒙古、色目、漢人、南人四等。一切權利,皆不平等,末造見誅之事,往史雖語焉不詳,然今諺猶有"殺韃子"一語,"韃子"即蒙古自號也。想其見報,亦必不免矣。清代滿漢不通婚,不雜居,故相仇亦視金元為淺。然其初入關時,藉明莊田,又圈民地,以給旗民,亦與金代所為無異。官缺皆分滿漢,又有蒙古包衣缺,亦與元代長官必用蒙人者,相去無幾。此皆非契丹所有。其刑法,宗室、覺羅及旗人,皆有換刑,特邀寬典。又或刑於隱者,儼然有"不與國人慮兄弟"之意。亦與遼金元不同。遼金元之初,刑法亦漢蕃異施。然意在各率其俗,與清代用意不同也。迫令舉國

26《廿二史札記・金末種人被害之慘》。

27《元史・耶律楚材傳》。

28《廿二史札記・元初諸將多掠人為私戶》。

剃髮易服，尤前此外夷所不敢行，相迫相煎之局，每以降而愈烈。
處茲生存競爭之世，固不容不凜凜矣。

第三講

財產制度

中國財產分配之法，大抵隆古之世行共產之制。有史以後，逐漸破壞，至秦漢之世而極。是時冀望復古者甚多，王莽毅然行之，卒召之亂，自是無敢言均平財產者。私產之制，遂相沿以迄於今。

老子言"郅治之世，鄰國相望，雞犬之聲相聞。民各甘其食，美其服，安其俗，樂其業，至老死不相往來。"此為邃古之世，部落分立之情形。其時蓋各部落之中自行共產之制。孔子謂大道之行也，"人不獨親其親，不獨子其子"，"貨惡其棄於地也，不必藏於己，力惡其不出於身也，不必為己。"蓋即此時代之情形也。自交通日闢，彼此之往來日繁，而其制漸壞。

部落共產之制所以隨交通之便而破壞者，一因其互相兼併，勝者攘敗者之財為己有。一由交易漸興，前此自造之物，至此可不造而易之於外，少造之物，可多造以與人相易。前此之分職，遂不可復行。而奇異之物日接於耳目，慾利之心因之日熾。為公家任職之外，又多制私貨，仇諸異族。於是部落中有私財之人日多而貧富漸不均。前此共產之組織，亦遂逐漸破壞，兩部落之相爭戰也，敗者之財產，率盡為勝者所有。斯時無所謂個人之私產也，一部落之財產，則其族之人所共有而已。然財產雖為一族之人所共有，而管理之權必操諸一人。其實乃與族長一人所有無異。戰敗之族之財產盡歸諸戰勝之族，亦仍如此。《詩》："普天之下，莫非王土。率土之濱，莫非王臣。"王即戰勝之族之酋長也。戰勝之酋長，以此土地分給子弟親故，使食其入而治其人，是為封建。以此土地，賦與農奴，使之耕種，則所謂井田之制也。農奴僅得耕作，土地初非所有，故有還受之法焉。古代分職，時曰：士、農、工、商，士之初蓋為戰士，其後乃變為任事之稱。凡為士者，皆祿足代耕，然亦僅足代耕而已。農民所食，自九人至五人。工業大者皆由官營，商人之貿遷，亦為國家謀通有無，彌闕乏。所得私利有限，國家所以監督之者又甚嚴（見農工商業篇）。故斯時四民，實無甚貧甚富。其所入較多者，唯有封地之君大夫而已。此則諸部落互相兼併，因生平民貴族之差，以至於此也。

　　貧富之不平，首由井田之破壞；井田之破壞，孟子謂由"暴君污吏，慢其經界。"實亦人口漸繁，土地不足，惜田間道路溝洫佔地太多，故欲從事墾闢也[29]。自井田廢而民或無立錐之地，貧富始大不均矣。農田以外之土地，古代皆為公有。故《王制》謂"名山大澤不以封"，孟子言"數罟不入洿池"，"斧斤以時入山

29　見朱子《開阡陌辨》。

林"。而《周官》有山虞、林衡、川衡、澤虞、跡人、卝人等官。蓋凡遵守規則者，皆得取用焉。自土地日闢，成法日壞，亦為私人所有。《史記‧貨殖列傳》所載，以畜牧、種樹、煮鹽、開礦致富者是也。漢董仲舒言"富者田連阡陌，貧者無立錐之地。又顓川澤之利，管山林之饒。"晁錯言商賈"大者積貯倍息，小者坐列販賣"，"男不耕耘，女不蠶織，衣必文采，食必粱肉"，"因其富厚，交通王侯，力過吏勢。"漢世所謂商人，實包含大工業家在內。大地主、大工商，乃當時所謂富者階級也。

漢人救正之法有二。其於土地，主急進者欲復井田，主漸進者則欲限民名田。終兩漢之世，迄未能行。其於大工商家，則法律抑之特甚。《漢書‧食貨誌》言："高祖令賈人不得衣絲乘車，重稅以困辱之。孝惠、高后時，天下初定，復弛商賈之律，然市井子孫，亦不得仕宦為吏。"又，漢時有所謂七科謫者，賈人，故有市籍，父母有市籍，大父母有市籍者皆與焉[30]。其於農人，則特輕其稅。漢初十五稅一，文帝除民之田租，至於十有三年。景帝即位，乃令民半出租，為三十而稅一。後漢亦仍之。然荀悅謂其"適足以資豪強"。晁錯謂"法律賤商人，商人已富貴矣。尊農夫，農夫已貧賤矣。"蓋其救正之效甚鮮矣。

王莽者，社會主義之實行家也。莽既得志，更命天下田曰王田，奴婢曰私屬，皆不得賣買。男口不盈八，而田過一井者，分餘田與九族鄉黨，又立五均、司市、泉府之官。司市以四時中月，

---

30 《漢書‧武帝紀》天漢四年《註》引張晏說。

定物平價，物之周於民用而不仇者，均官以本賈取之，物昂貴過平一錢，則以平價賣與民。工商百業皆除其本，計其利，以十分之一為貢。民欲治產業，或喪祭無費者，泉府以貢之所入貸之，喪祭者無息，治產業者，歲取息無過十一。又行六筦之制，收鹽、鐵、酒酤、山澤、賒貸、鐵布銅冶皆歸諸官。合生產者與消費者，皆思有以劑其平。蓋欲一舉而復三代盛時之舊矣。然行之既無其法，而吏又因之為奸，遂至"元元失業，食貨俱廢"，天下大亂，莽卒以亡。自莽之亡，言治者輒引為戒。雖亦知貧富不均為致亂之原，然所行者，率不過彌縫補苴之策，無敢言清源正本者矣，

王莽變法，雖召大亂，而土地卻因亂而漸均。荀悦云：

> 井田之制，不宜於人眾之時，田廣人寡，苟為可也。然欲廢之於寡，立之於眾，土地佈列在豪強，卒而革之，並有怨心。則生紛亂，制度難行。若高祖初定天下，光武中興之後，人眾稀少，立之易矣。

觀此可知東漢之初實有土廣人稀之象，向之田連阡陌，又顓川澤之利，管山林之饒者，至此皆因兵燹而喪其所有矣。此其所以獲暫安也。

凡一種制度，為人心所同欲，學者所同然，一時雖未克行，久之，未有不見諸施行者。限民名田之論，兩漢儒者之公言也。兩漢迄未能行，而晉以後行之。晉之戶調式，魏之均田令，唐之租庸調法，皆以成年為丁，因男女之異，而受田有差。其所受田既均，則其所納之稅亦均，乃按戶而徵之，是曰戶調。魏制有桑田露田之別，桑田為世業，露田有還受。蓋以在官之荒田授民為

露田。其所私有亦不奪之，則為桑田（孟子曰："五畝之宅，樹之以桑。"桑田蓋屋廬所在）。桑田得賣其盈，亦得買所不足。而不得賣其分，亦不得買過所足。蓋欲以漸平均地權也。唐制還受者曰口分，不還受者曰永業。鄉有寬狹，田多可以足其人者為寬鄉，不足者為狹鄉。田，鄉有餘以給比鄉，縣有餘以給比縣，州有餘以給比州。庶人徙鄉及無以葬，得賣世業田。自狹鄉徙寬鄉者，得並賣口分田。其立法彌詳矣。然史稱開元而後，其法大壞，併兼逾漢成哀。德宗時，楊炎創兩稅，就其有而取之，雖稱救時良法，然制民之產之意蕩焉盡矣。

凡天下喪亂之際，必為豪強兼併之時，其故約有數端：田多荒蕪，乘機佔有，一也。貧者無以自立，或迫於苛稅，棄田而去，亦為豪強所佔，二也。亂時民或棄農為兵，田益易荒，三也。暴政恆施於小民，民不得不托庇於豪強，四也。吏治苟簡，不能摧抑豪強，或且與之結托，五也。唐中葉以後蓋即其時，宋興，初未能加以救正，故其農民困苦特甚。當時民間借貸，自春徂秋，取息逾倍（宋太祖時嘗禁之，見《宋史·食貨誌》）。且穀粟、布縷、魚鹽、薪蕘、穭鉏、斧錡之屬，皆雜取之 [31]。宣仁太后臨朝，司馬光疏言農民疾苦，有曰：

幸而收成，公私之債，交爭互奪。穀未離場，帛未下機，已非己有。所食者糠粃而不足，所衣者綈褐而不完，直以世服田畝，不知有何可生之路耳。

---

31 《宋史·陳舜俞傳》。

其言可謂哀切矣。王安石秉政，欲行方田均稅之法，南渡後又有經界之制。然或推行未廣，或則有名無實，訖無成效可見。而南宋貴勢，肆行兼併，兩浙腴田，多落其手。賈似道當國，強買為公田，即以私租為官額。明太祖下平江，惡其民為張士誠守，又以私租為官賦。嗣後雖屢經核減，至於今日，兩浙賦額，猶獨頂於全國。併兼之貽禍，亦可謂烈矣。

明初行黃冊魚鱗冊之法，黃冊以戶為主，以田從之。魚鱗冊則以土田為主，諸原阪墳衍下隰沃瘠沙鹵之別畢具。據黃冊則知各戶所有丁糧，由之以定賦役，而田之所在，則稽諸魚鱗冊而可知。其法本甚精詳，使能實行，則戶口土田皆有可考，雖由此進謀平均地權可也。顧積之久，魚鱗冊漫漶不可問，而田所在不可復知。於是黃冊亦失實，卒至富者有田而無稅，貧者有稅而無田，其或田棄糧存，則攤徵於細民，責償於里甲。紳士又為下戶代納賦稅，而私其所入，其弊不可勝窮。嘉靖時，乃有履畝丈量之議。神宗初，張居正為相，行之，限三歲竣事。史稱豪猾不得欺隱，里甲免賠累，而小民無虛糧焉。清代丁稅攤入地糧，但按田徵稅，而人戶之有田無田及其田之多少不復過問。地權之均不均，國家遂無從知之矣。

工商之業，在私有財產之世，所以制馭之者，不過稅法之重輕；業之大者，實宜收歸官營，一以防豪強之兼併，一則國家得此大宗收入，可以減輕賦稅，以利窮民，且可興舉大業也。然歷代論政之家，狃於三代以前偏重田租口賦之制，不知此為產業未盛之時之遺法，而以為義所當然。故漢汲黯謂縣官但當衣食租稅[32]。晉初定律，酒酤等事，皆別為令，以便承平時廢除[33]。隋文帝定天下，亦將一切雜稅次第除去。唐中葉後，藩鎮擅土，王賦所入無幾，國用艱窘，不得不取之雜稅，而鹽茶等稅，乃日增月益。藩鎮亦競收商稅，有住稅，有過稅，亦猶清代軍興時之有釐金也。宋代養兵太多，竭天下之財以給之，此等稅遂迄不能除，抑且加重。元明清三代皆沿襲焉，然皆徒為斂財計而已。抑併兼利萬民之意，則蕩然無復存焉者已。

借貸之事，古者蓋由公家司之。孟子謂："春省耕而補不足，秋省斂而助不給"；[34] 陳氏（齊大夫）以公量貸，而以家量收之；[35] 馮諼為孟嘗君收債於薛，盡焚其券以市義，[36] 蓋皆其事。《史記·貨殖列傳》謂："子貸金錢千貫者，比千乘之家。"則秦漢時，已有私人恃放債為生者，其後迄亦不絕。趙氏翼《陔餘叢考》有一條考之，可見其概。

其以救濟為宗旨者，於民食，在漢為常平；在隋為義倉；在宋為社倉。更思推此以充借貸者，則為宋王安石之青苗法。常平之法，創自耿壽昌，蓋沿李悝糴甚貴傷民，甚賤傷農之説，而思有以劑其平。其法於諸郡築倉，穀賤時增價以糴，穀貴時減價以糶。民獲其利，而官司亦有微贏，誠為良法。然在穀物貿易未盛

---

32 《漢書·食貨誌》。

33 《晉書·刑法誌》。

34 《梁惠王下》。

35 《左傳》昭公三年。

36 《戰國策》。

之時，其策可用。後世食糧之市場益廣，而在官之資本甚微，則其效亦寡矣。且其法僅可以平穀價，而不可以充振貸，於是隋長孫平有義倉之法。勸課當社，收穫之日，隨其所得出粟及麥，時或不熟即以振給。既能遍及各地，又令人民自謀，實為最善。然後或移之於縣，則全失本意矣。宋以來，乃又有所謂社倉。孝宗乾道四年，建民艱食，朱熹請於府，得常平米六百石，請本鄉土居朝奉郎劉如愚共任賑濟。夏受粟於倉，冬則加二計息以償。自後逐年斂散，或遇少歉，即蠲其息之半，大饑即盡蠲之。凡十有四年，得息，造成倉廒，以元數六百石還府，仍存米三千一百石，以為社倉，不復收息。一鄉四十五里間，雖遇凶年，人不闕食，後多有仿行之者。《通考》謂："凶年饑歲，人多賴之。然事久而弊，或主之者倚公以引私，或官司移用而無可給，或拘納息米而未嘗除，甚者拘摧無異正賦。"

蓋此為人民自治之事，必人民程度高而後其效可睹也。青苗之法始於李參，參官陝西，令民隱度穀粟之贏，貸以錢，俟穀熟還官。安石秉政，請以諸路常平廣惠倉錢穀，依其例預借於民，令出息二分，隨夏秋稅輸納。謂常平廣惠之物，收藏積滯，必待年儉物貴然後出糶，而所及又不過城市遊手之人。今通一路有無，貴發賤斂，可以廣蓄積，平物價，使農人有以赴時趨事，而併兼者不得乘其急也。當時反對者甚眾，大抵謂官吏奉行不善，而朝廷之意，實在借此以取財。予謂青苗立法之意頗善，然實人民自相扶助之事，一經官手，則因設治之疏闊，而監督有所難周，法令之拘牽，於事情不能適合，有不免弊餘於利者。此安石所以行之一縣而效，行之全國而不能盡善也（王安石嘗一度長浙鄞縣令，故云）。

平均市價之事，後世無之。漢桑弘羊行均輸之法，藉口百物由官販賣，則富商大賈無所牟大利，則反本而萬物不得騰躍，故抑天下之物，名曰平準。然其意實在理財而已。宋神宗時，嘗置市易務，凡貨之可市及滯於民而不售者，平其價市之，願以易官物者聽。若欲市於官，則度其抵而貸之錢，責期使償，半歲輸息十一，及歲倍之。以呂嘉問為都提舉市易司，諸州市易司皆隸焉。頗近王莽之司市泉府，其事亦卒不能行。蓋後世商業日盛，操縱非易也。

自王莽以後，以國家之力均平貧富，無復敢萌此想者。然特謂其事不易行而已，固非謂於理不當行。讀王安石之《度支廳壁題名記》可見其略，安石之言曰：

合天下之眾者財，理天下之財者法，守天下之法者吏也。吏不良，則有法而莫守；法不善，則有財而莫理。有財而莫理，則阡陌閭巷之賤人，皆能私取予之勢，擅萬物之利，以與人主爭黔首，而放其無窮之慾，非必貴強桀大，而後能如是。而天子猶為不失其民者，蓋特號而已耳。雖欲食蔬衣敝，憔悴其身，愁思其心，以幸天下之給足而安吾政，吾知其猶不得也。然則善吾法而擇吏以守之，以理天下之財，雖上古堯舜，猶不能毋以此為急，而況於後世之紛紛乎。

此等見解，蓋非特安石有之，此現今之社會主義，所以一輸入，遂與吾國人深相契已。然其行之如何，則固不可不極審慎矣。

第四講
農工商業

　　人類資生，莫急於食。取食之方，有僅為目前之計，其技幾於不學而能者，水漁山獵，及取天然之草木以為食是也；有必待稍知久遠之計，勤苦盡力而後能得之者，畜牧種植是也。《禮運》曰：「昔者先王未有火化，食草木之實、鳥獸之肉，飲其血，茹其毛。」蓋我國疆域廣大，偏北之地，氣候物產近於寒帶。偏南之地，則近熱帶。故取資動植以給口實者，一國之中兼有之也。古稱三皇曰燧人、伏羲、神農。燧人之功，在能鑽木取火，教民熟食。伏羲之號，蓋以能馴伏犧牲。神農二字，本古農業之通稱（如《月令》言「水潦盛昌，神農將持功。」又古言神農之教，乃農家言，非謂炎帝之教令也）。蓋至此三君之世，而我國民始漸習於畜牧種植之業矣。神農以後，農業日重。《堯典》載，堯命羲和四子，曆象日月星辰，敬授民時。授時者，古代農政之要端也。《禹貢》備載九州土性，分為九等，固未必真禹時書，亦無以斷其所錄非禹時事。《無逸》一篇，歷述殷周賢王，中宗、高宗、祖甲、大王、王季、文王，多重農之主。此篇出周公之口。《生民》、《篤公劉》亦周人自述先世之作。此皆信而有徵，觀此知唐虞三代之世，我國農業業已盛行矣。

農業既盛，而漁獵畜牧之事遂微。田獵僅行之農隙，以寓講武之意。漁則視為賤業，為人君所弗親[37]。牧業如《周官》所設牧人、牛人、充人、羊人、犬人等，皆僅以供祭祀之用。唯馬政歷代皆較注重，則以為交通戎事所資也。此以設官論，至於民間，亦因重視農業，地之可供畜牧，民之從事畜牧者少，故僅盛於沿邊。內地則穀量牛馬者幾於絕跡矣。

蠶業興起，略與農業同時。《農政全書》引《淮南蠶經》言黃帝元妃嫘祖，始育蠶治絲繭。說固未可盡信，然《易·繫辭傳》言：“黃帝堯舜，垂衣裳而天下治。”《疏》曰：“以前衣皮，其制短小，今衣絲麻布帛，所作衣裳，其制長大，故言垂衣裳也。”《虞書》亦有“以五采章施於五色作服”之文。知黃帝堯舜時，蠶織必已發明矣。三代之政，天子親耕，后親蠶。“五畝之宅，樹之以桑”，男耕女織並稱本業，至於今未替。此其所以能以絲織，著聞五洲也。然古代蠶利盛於西北，而後世唯盛於東南，偏僻之處且有絕不知紡織之利者。此則疆域廣大，各地方風氣不齊，而治化亦不能無進退故也（清知襄陽府周凱，嘗勸民種桑。其言曰：“《禹貢》兗州曰桑土既蠶，青州曰厥篚檿絲。”檿，山桑也。揚徐東南亦僅曰厥篚織貝，厥篚玄纖縞而已。《詩·豳風》：“蠶月條桑”，《唐風》：“集於苞桑”，《秦風》：“止於桑”。“桑者閑閑”，

<hr />

37　可看《左傳》隱公五年，臧僖伯諫觀魚之辭。

詠於魏；"鳲鳩在桑"，詠於曹；說於桑田，詠於衛。利不獨東南也。襄陽介荊豫之交，荊州厥篚玄纁璣組，豫州厥篚纖纊。纊，細綿也。纁絳幣組綬屬，皆絲所織。北燕馮跋下書令百姓種桑。遼無桑，慕容廆通晉求種江南。張天錫歸晉，稱北方之美，桑葚甘香。《先賢傳》載司馬德操躬採桑後園，龐士元助之。《齊書》載韓系伯桑陰妨他地，遷界，鄰人愧謝。三子皆襄陽人，襄之宜桑必矣。《日知錄》曰："今邊郡之民，既不知耕，又不知織，雖有材力，而安於遊惰。"引華陰王宏撰著議，謂延安一府，布帛貴於西安數倍。又引《鹽鐵論》：邊民無桑麻之利，仰中國絲絮。夏不釋復，冬不離窟。崔寔《政論》：五原土俗，不知緝績。冬積草，伏臥其中。若見吏，以草纏身。謂今大同人多是如此，婦人出草，則穿紙褲）。

我國農業之進化，觀其所植之物及其耕作之精粗可以知之。古曰百穀，亦曰九穀（鄭司農云：黍、稷、秫、稻、麻、大小豆、大小麥。康成謂無秫、大麥，而有梁、瓜。見《周官‧大宰註》）、五穀（黍、稷、粟、麥、稻）。蓋其初以為主食之品甚多，後乃專於九，專於五也。今則以稻、麥為主矣。古者一夫百畝，又有爰田之法（爰即換字。《公羊》宣公十五年何《註》：上田一歲一墾，中田二歲一墾，下田三歲一墾。《周官‧大司徒》：不易之地家百畝，一易之地家二百畝，再易之地，家三百畝），其所穫則"上農夫食九人，其次食八人，其次食七人，其次食六人。下農夫食五人。"[38] 今日江南，上農所耕不逮古者三之一，其所食未有以遜於

古也。此蓋積時久則智巧漸開，人口增，土地少，則墾治之法日密，乃社會自然之進步也。然亦有不逮古者二端：一古國小，設官多，為治密，故有教民稼穡之官，亦多省斂省耕之事。《詩‧噫嘻》“鄭箋”謂三十里即有一田畯主之，其精詳可想。漢世鄉有嗇夫，猶存遺意。魏晉而後，此制蕩然。耕植之事一任人民自謀，官不過問，士之講農學者絕少，有之亦不能播其學於氓庶。凡事合才智者以講求，則蒸蒸日上；聽其自然，未有不衰敝者也。此其一也。一則古代土地屬於公有，故溝洫陂渠易於整治。後世變為私有，寸寸割裂，此等事遂莫或肯為，亦莫或能為。而如人民貪田，退灘廢堰，濫伐林木等又莫之能禁。利不興，弊不除，農事安得不壞！古代農業西北為盛，後世大利皆在東南。唐都長安、宋都汴梁、元明清都北平，無不仰東南之轉漕者，以東南天然之利厚，而西北有待於人力者大。人事荒，故農業盛衰隨之轉移也。此又其一也。歷代農業升降之原，二者蓋其大端也。

古代教稼之法，略見於《周官》（如大司徒“辨十有二壤而知其種”。司稼“巡邦野之稼，而辨穜稑之種，周知其名，與其所宜地以為法，而懸於邑閭。”此辨土壤擇穀種之法也。草人“掌土化之法，以物地相其宜，而為之種。”此變化土壤之法也）。其農書，則《管子》之〈地員〉，《呂覽》之〈任地〉、〈辨土〉、〈審時〉，其僅存者，惜不易解。漢世農書，以氾勝之為最，今亦無傳焉。今所傳者，以後魏賈思勰《齊民要術》為最古。後來官修之書，如元之《農桑輯要》，清之《授時通考》；私家巨著，如元王楨之《農書》，明徐光啟之《農政全書》，皆網羅頗廣（如蠶桑、菜果、樹木、藥草、孳畜等，皆該其中；田制、勸課、救荒等，亦多詳列），即不皆有用於今，亦足考昔耕耘之法。

《管子》言葛盧雍狐之山，發而出水，金從之，蚩尤受而制之以為兵[39]。此蓋礦業初興，尚未知取之於地。又述伯高對黃帝之言，謂"上有丹砂者，下有黃金。上有慈石者，下有銅金。上有陵石者，下有錫鉛赤銅。上有赭者，下有鐵。此山之見榮者也。"則已知察勘礦苗之法矣。《管子》東周之書，其時蓋已有此法。其托之伯高，蓋不足信。漢有司言"黃帝作寶鼎三，禹收九牧之金鑄九鼎。"[40]而《易‧繫辭傳》言黃帝堯舜之時，"弦木為弧，剡木為矢。"《禹貢》荊州之貢"礪砥砮丹"，賈逵曰："砮，矢鏃之石也。"則其時之金特用以鑄重器，至春秋時乃以之作兵。《左氏》僖公十八年"鄭伯始朝於楚，楚子賜之金。既而悔之，與之盟，曰無以鑄兵"是也。斯時之農器則多以鐵為之。《管子》所言其事，秦漢之世猶然。故賈生說漢文收銅勿令佈，而曰："以作兵器"；漢武筦鹽鐵，而文學以為病民也。曹魏以後，乃多以鐵作兵，而銅兵漸少[41]。工業在古代，較重難者皆由官營，其簡易者則人人能自為之。《考工記》曰：

粵無鎛，燕無函，秦無廬，胡無弓車。粵之無鎛也，非無鎛也，夫人而能為鎛也。燕之無函也，非無函也，夫人而能為函也。秦之

39 《地數》。

40 《漢書‧郊祀誌》。

41 詳見《日知錄》卷十一。

無廬也，非無廬也，夫人而能為廬也。胡之無弓車也，非無弓車也，夫人而能為弓車也。

《註》曰："人人皆能作是器，不須國工。"此簡易之工，人人能自為之之說。其設官"曰某人者，以其事名官。曰某氏者，官有世功，若族有世業，以氏名官者也。"此則重難之工，國家設官治之者也。此蓋古代自給自足之遺制。其後交通日繁，貿易日盛，一國所造之物，或為外邦所需，或可不造而求之於外。人民智巧日進，能自造械器者亦多。則設官制器之事不復可行，而其制漸廢矣。中國夙以節儉為訓，又其民多農業，安土重遷，故其率貴堅牢樸質，奇巧華美非所尚，間或有之，則智巧之士特出心裁。達官世家、豪民駔賈，日用飲食殊異於人。重賞是懷，良工競勸，為是以中其慾耳。夫智巧由於天授，而人雲亡而其技亦湮。衒鬻專於一家，則制雖工而其傳不廣。此皆無與工業之進化。工業之進化，當觀多數人之用器，比較其精粗良楛而得之。如古人率用几蓆，無後世之桌椅，宋以後漸有之。然民國初元，濮陽宋古城發見民家所用桌椅，率多粗惡，較諸今日，精粗幾不可以道里計，又其所用陶器，亦較今世為粗，此則工業進化之一端也。

古代小部落，率皆自給自足，故商業無由而興。《老子》謂："邽治之極，鄰國相望，雞犬之聲相聞，民各甘其食，美其服，樂其業，至老死不相往來。"《鹽鐵論》曰："古者千室之邑，百乘之家，陶冶工商，四民之求，足以相更。"[42] 則此時代之情形

42《權修》。

也。交通日便，往來日繁，則貿遷有無之事起。最初所行，大抵如現在之作集。《易・繫辭傳》言，神農氏"日中為市，致天下之民，聚天下之貨，交易而退，各得其所"是也。〈酒誥〉言農功既畢，"肇牽車牛遠服賈"。〈郊特牲〉言："四方年不順成，八蠟不通。"皆可見其貿易之有定時。其後社會日進，有資於通工易事者日多，則商業亦日盛。商人分兩種，行貨曰商，居貨曰賈。賈大率在國中。〈考工記〉："匠人營國，面朝後市。"又有設於田野之間，以供人民之需求者。《公羊》何〈註〉"因井田而為市"[43]是也。《孟子》謂："有賤丈夫焉，必求龍斷而登之，以左右望而罔市利。""龍斷"謂岡隴之斷而高者，亦可見其在田野之間矣。其行貨者，則必遠適異國。如《左氏》所載鄭商人弦高是[44]。此等人周歷四方，見聞較廣，故其才智頗高。弦高之能卻秦師，即其一證。

隆古社會，本皆自給自足，有求於外者，非淫侈之品則適逢荒歉之時耳。唯所販鬻，本多淫侈之品，故當時之商人多與王公貴人為緣。如子貢結駟連騎，以聘享諸侯[45]。漢晁錯謂當時商人，交通王侯，力過吏勢是也。其當本國空無之時，能遠適異國，以求得其物者，則於國計民生所關甚大。鄭之遷國，實與商人俱[46]。豈不以新造之邦，財用必患不足，不得不求之於外哉！斯時之商

---

43 《公羊傳》宣公十五年。

44 《左傳》僖公三十三年。

45 《史記・貨殖列傳》。

46 《左傳》昭公十六年。

賈，實生產消費者之友，而非其敵也，其後則漸不然。《管子》曰：
“歲有四秋（四秋即四次收穫也。農事作為春之秋，絲繀作為夏之
秋，五穀會為秋之秋，紡績緝縷作為冬之秋）。物之輕重，相什而
相百。”[47] 又曰：“歲有凶穰，故穀有貴賤，令有緩急，故物有輕
重。然而人君不能治，故使畜賈遊於市。乘民之急，百倍其本。”[48]
至此，則商人日賕生產消費者以自肥，始與公益背道而馳矣。然
分配之機鍵，操其手中，非有新分配之法，商人固未易廢除也。

　　商業之演進，不徵諸富商大賈之多，而徵諸普通商人之眾。
普通商人眾，則分工密，易事繁。社會生計，互相依倚，融成一
片矣。《史記・貨殖列傳》謂關中自秦漢建都，“四方輻輳，地
小人眾，故其民益玩巧而事末。”又謂“鄒魯地小人眾，好賈趨
利，甚於周人。”以地小人眾而為商，其必負販之流，而非豪商
大賈明矣。古代之市，皆自為一區，不與民居相雜。秦漢而降，
此意仍存。如《三輔黃圖》謂長安市各方二百二十六步，六市在
道西，四市在道東。《唐書・百官誌》謂市皆建標築土為堠，日
擊鼓三百以會眾，日入前七刻（古者每晝夜分為十二小時，每時分
為十刻，每刻分為十二分），擊鉦三百而散。《遼史》謂太祖置羊
城於炭山北，起榷務，以通諸道市易。太宗得燕，置南京，城北
有市，令有司治其徵。餘四京及他州縣貨產懋遷之地，置示如之
是也。邸肆民居，毫無區別，通衢僻巷咸有商家，未有如今日者。

---

47 《管子・輕重乙》。

48 《管子・國畜》。

此固由市制之益壞，亦可見商業之日盛也。

　　中外通商，亦由來已久，且自古即頗盛。《貨殖列傳》述櫟邑、巴蜀、天水、隴西、北地、上郡、揚、平楊、上谷至遼東等與外國接壤之處，商利幾無不饒。漢初，兩粵尚同化外，西域尤絕未聞知。而枸醬竹杖，既已遠至其地，商人之無遠勿屆，亦可驚矣。西域既通，來者益多。罽賓殺漢使，遣使謝罪，漢欲遣使報送，杜欽言其“悔過來，而無親屬貴人奉獻者，皆行賈賤人，欲通貨市買，以獻為名。”欽述當時西城之道，險阻為害，不可勝言。而賈胡猶能矯其君命，遠來東國，其重利可謂甚矣。自此至南北朝，中國與西域之交通，雖或盛或衰，而訖未嘗絕（史所云絕者，以國交言之。若民間之往來，則可謂終古未絕也）。隋唐之世，國威遐暢，來者尤多，元代地跨歐亞，更不必論矣（唐宋元明中外通商情形，可參考《蒲壽庚傳》一書）。日本桑原隲藏《東洋史要》曰：

　　東西陸路之互市，至唐極盛。先是隋煬帝時，武威、張掖、河西諸郡，為東西交易之中樞。西方賈人，來集其地者，溢四十國。唐興，中亞天山南路之路開，西方諸國，來東方通商者益盛。支那人之商於中亞波斯印度者亦不少。素諳商業之猶太人，乘機西自歐非，東至支那印度間，商權悉歸掌握。或自紅海經印度洋，來支那之南海。或自地中海東岸之安地凹克，經呼羅珊、中亞、天山南路來長安。及大食勃興，阿剌比亞人漸拓通商之範圍，無論陸路海路，世界商權殆在其掌中。

　　又曰：

自蒙古建國，四方割據諸小國悉滅，商賈往來日便，又新開官道，設驛站，分置守兵，旅客無阻。東西兩洋之交通，實肇於此。是時西亞及歐洲商人，陸自中亞經天山南路，或自西伯利亞南部經天山北路，而開販路於和林及燕京。波斯與印度及支那之間，海上交通亦日繁，泉州、福州諸港，為世界第一貿易場，外人來居其地者，以萬數云。

海路通商，似亦先秦即有之。《史記·貨殖列傳》言番禺為珠璣、瑇瑁、果、布之湊，此即後世之外國交易之品也。自秦開南海、桂林、象郡，今安南之地，自廣和以北，悉在邦域之中（廣和，即後來據地自立之林邑也）。桑原氏云：

當時日南交趾，為東西洋交通中樞。西方賈人多集其地。時則羅馬商船獨專印度洋航權。及佛教東漸，錫蘭及南洋諸國與支那道路已通。支那海運因而漸興，經爪哇、蘇門答剌至錫蘭之航路遂歸支那人手。歷南北朝至唐初葉，支那商船更推廣其航路，或自錫蘭沿西印度海岸入波斯灣，或沿阿剌伯海岸至亞丁。當時錫蘭為世界商業中樞，支那人、馬來人、波斯人、哀西比亞人等交易於斯。及大食興，非洲、西亞沿岸及印度河口港灣前後歸其版圖，阿剌比亞人與其屬波斯人、猶太人，益恢張海運，東經南洋諸國通商支那，代支那人而專有亞細亞全境之航權。日本曆千三百五十年頃（周武后大授中），阿剌比亞人商於廣州、泉州、杭州者以萬數，唐於諸港置提舉市舶之官，徵海關稅，為歲入大宗。

案國史於南方諸國紀載最詳者，當推宋、梁、唐三書。所記諸國，大抵為通市來者也。互市置官，始於隋之互市監，而唐因之。市舶司之置，新、舊書六典皆不載。《文獻通考》曰：唐有市舶使，以右威衛中郎將周慶立為之。唐代宗廣德元年，有廣州市舶使呂太一。案慶立見《新唐書‧柳澤傳》，呂太一事見《舊唐書‧代宗紀》。又《新唐書‧盧懷慎傳》："子奐，天寶初為南海太守，污吏斂手。中人之市舶者，亦不敢干其法，遠俗為安。"然則唐市舶使之置，多以武人、宦官為之。贖貨無厭，以利其身，損國體而斂怨於遠人。云為歲入大宗，蓋東史臆度之語。泉杭諸州，曾置市舶，史亦無文。謂於諸港皆置提舉，亦不審之談也。及宋代而設置漸多，其可考者，有杭、明、溫、秀、泉、廣諸州，及華亭、江陰、板橋（鎮名，屬密州，即今青島也）。所稅香藥犀象，往往以酬入邊，充鈔本。始真於國用有裨矣。元、明二代，亦皆有之（元設於上海、澉浦、杭州、慶元、溫州、泉州、廣東，凡七處，時有省置。明洪武初，設於太倉黃渡，尋罷。復設於寧波以通日本，泉州以通琉球，廣州以通占城、暹羅及西洋。永樂中，又常設交趾、雲南市舶提舉司。元代甚重視木棉之培植，故江浙一帶設有提舉司一職，專司一切提倡木棉事務）。明之設司，意不在於收稅，而在以此撫治諸夷，消弭釁隙，此其時倭寇方張也。宋、元二代，海路所通頗遠，明祖御宇，亦使驛四通。陸路遠至天方，海路幾遍今南洋群島。成祖之遣鄭和下西南洋，事在永樂三年，即西曆一千四百有五年。哥倫布得亞美利加，事在西曆千四百九十三年，當明孝宗弘治六年。後於和者，實八十八年也。自鄭和航行後，中國之聲威頗張於海表。華人之謀生南洋者不少，且有作蠻夷大長者。新大陸既發現，西人陸續東航，而通商之情形，乃一變矣。其詳更僕難窮，其大略則人多知之，其利害又當別論，今不具述。

第五講

衣食居處

《禮記‧禮運》曰："昔者先王未有宮室，冬則居營窟，夏則居橧巢。未有火化，食草木之實，鳥獸之肉，飲其血，茹其毛。未有麻絲，衣其羽皮。後聖有作，然後修火之利，範（熔鑄也）金合土，以為臺榭宮室牖戶。以炮以燔，以烹以炙，以為醴酪。治其麻絲，以為布帛。"此總述古代衣食居處進化之大略也。所謂先王，蓋在伏羲以前，所謂後聖，則在神農以後，何以知其然也？〈禮運〉又曰："夫禮之初，始諸飲食，其燔黍而捭豚，污尊而抔飲，蕢桴而土鼓，猶若可以致其敬於鬼神。"《疏》引《明堂位》："土鼓葦籥，伊耆氏之樂。"《乾鑿度》云伊耆氏為神農，斷此為神農之事。《世本》曰："伯余作衣裳。"亦見《淮南子‧氾論》。伯余黃帝臣，《易‧繫辭傳》："黃帝堯舜，垂衣裳而天下治。"《疏》曰："以前衣皮，其制短小。今衣絲麻布帛所作衣裳，其制長大，故曰垂衣裳。"《傳》又言："上古穴居而野處，後世聖人易之以宮室。"同蒙上黃帝堯舜而言。《淮南‧修務》亦云："舜作室築牆茨屋。"知衣食居處之進步，必先在炎黃堯舜之世矣。

古人食草木之實、鳥獸之肉，其物較少，不足以飽。乃於食肉之外，兼茹其毛[49]。果實之外，亦兼茹菜，是謂疏食（疏今作蔬），亦曰素食。《墨子・辭過》曰：“古之民，素食而分處，聖人作，誨男耕稼樹藝，以為民食。”故穀食者，疏食之進化也。穀食始稱百穀，繼則九穀，繼稱五穀。蓋其初用以充食之物甚多，漸次去其粗而存其精，是則所謂嘉穀也。此又穀食中之進化也。

既進於農業之世，則肉食唯艱，故必貴人耆老，乃得食肉（《孟子》：雞豚狗彘之屬，無失其時，七十者可以食肉矣）。庶人所食，魚鱉而已[50]。《鹽鐵論・散不足》曰：“古者燔黍食稗而捭豚以相餉，其後鄉人飲酒。老者重豆，少者立食。一醬一肉，旅飲（即輪轉互飲也）而已。及其後賓昏相召，則豆羹白飯，綦膾熟肉。今民間酒食，餚旅重疊，燔炙滿案。古者庶人耦食黎藿，非鄉飲酒膢臘祭祀無酒肉。諸侯無故不殺牛羊，大夫無故不殺犬豕。今閭巷阡陌，無故烹殺，負粟而往，易肉而歸。古者不鬻飪，不市食。其後則有屠沽，沽酒市脯，魚鹽而已。今熟食遍列，餚旅（即雜列重疊之意，言其繁也）成市”云云。可見漢時飲食遠較古代為侈。然《論衡・譏日》謂海內屠肆，六畜死者，日數千頭。則較諸今日不過十一之於千百耳。《隋書・地理誌》謂梁州漢中“性嗜口腹，多事佃漁，雖蓬室柴門，食必兼肉。”已非漢時所及矣。

---

49 見《禮運・疏》。

50 見《詩・無羊・疏》。

可見人民生活程度，無形之中日漸增高也。

飲食之物，隨世而殊。如古人食肉，犬豕並尚，後世則多食豕。古調羹用鹽梅，秦漢則用鹽豉（見《左氏》昭公二十年《疏》。鹽之豆豉。今湘贛亦兼有用淡豆豉以調羹者，蘇浙不多見）。古人刺激之品，唯有酒及葷辛（《儀禮・士相見禮》："夜侍坐，問夜，膳葷，請退可也。"《註》："膳葷，謂食之葷辛物蔥韭之屬，食之以止臥。"案蔥韭氣葷而味非辛。故鄭言之屬以該之辛，如薑桂是也。鄭兼言辛，見膳葷亦得兼及辛）。後世則兼有茶煙。古食甘止有飴，後世乃有蔗糖。此等或因生業之不同，或因嗜好之遷變，或因中外交通，食品增多，未易一一列舉矣。

釀酒蓋起虞夏之世。《戰國策》曰："儀狄作酒，禹飲而甘之。"《明堂位》謂"夏后氏尚明水"，其徵也。神農之世，污尊抔飲，蓋飲水而已。《疏》謂鑿地盛酒，恐非。

古無茶字，只有荼字。荼見於《詩》者，或指苦菜，或指茅秀，或指陸草，皆非今之茶。唯《爾雅》釋木"檟，苦荼。"《註》曰："樹小如梔子，冬生葉，可煮作羹飲。今呼早采者為荼，晚取者為茗。一名荈，蜀人名之苦荼。"此字雖亦從草從余，而所指實為今之茶。蓋茶味亦苦，故借苦菜之名以名之。復乃變其韻而成兩字。王褒《僮約》："武都買茶"；張載《登成都白菟樓詩》："芳茶冠六清"；孫楚詩"薑桂茶荈出巴蜀"。《本草衍義》："晉溫嶠上表，貢茶千斤，茗三百斤"；《三國吳誌・韋曜傳》："密賜茶荈以當酒"；《世說新語》："王濛好飲茶，客至，嘗以是餉之。"則飲茶始於蜀，先行於南方，至唐時乃遍行全國。故《唐書・陸羽傳》謂羽著《茶經》三篇，天下益知飲茶，而茶稅亦起唐世也。然金章宗時，嘗以茶皆市於宋，費國用而資敵，置坊自造。其後坊罷，又限七品以上方得飲茶，則尚不如今日之盛也。

蔗糖之法，得自摩揭陀。見《唐書·西域傳》。大徐《說文》新附中，始有糖字，糖乃從米，訓以飴而不及庶，則宋初尚未大盛。至王灼撰《糖霜譜》，始備詳其法焉。

煙草來自呂宋，漳州莆田人始種之，盛行於北邊。謂可避瘴，崇禎末嘗禁之，卒不能絕，禁旋弛。王肱枕《蚓菴瑣語》、張岱《陶庵夢憶》皆謂少時不識煙草為何物。則其盛行，實在明末弛禁之後也。然是時吸食之法，尚不如今日之便。張岱謂大街小巷，盡擺煙桌。黃玉圃《台海使槎錄》謂“鴉片煙用麻葛同雅土切絲，於銅鐺內剪成鴉片拌煙，另用竹箅，實以棕絲，群聚吸之，索值數倍於常煙。”中國人之吸鴉片，本由吸煙引起。觀張黃二氏之說，則當初之吸菸，殆亦如後來之吸鴉片也。

鴉片由吸煙引起，說見日本稻葉君山《清朝全史》。案罌粟之名，昉見《開寶本草》，又曰一名米囊。而唐雍陶《西歸出斜谷詩》曰：“萬里客愁今日散，馬前初見米囊花。”則唐時已有其物，然自明以前皆作藥用。清雍正硃批諭旨，七年“福建巡撫劉世明奏，漳州知府李國治拿得行戶陳遠，私販鴉片三十四斤，擬以軍罪。臣提案親訊，陳遠供稱，鴉片原係藥材，與害人之鴉片煙並非同物。當傳藥商認驗，僉稱此係藥材，為治痢必須之品，並不能害人，唯加入煙作同煎，始成鴉片煙。李國治妄以鴉片為鴉片煙，甚屬乖謬，應照故入人罪例，具本題參奏”云云。則知當時吸食鴉片，尚未與煙草相離也。製煙膏之法，見明王璽《醫林集要》，亦以作藥用。豈雍正以後，吸食鴉片之禁日嚴，有癮者欲吸不得，乃代之以藥，而成後來之吸法歟。

未有麻絲以前，衣之材料有二。一《禮運》所謂衣其羽皮，此為皮服。一則如《郊特牲》之黃衣黃冠、《詩》之台笠，所謂卉服也。有麻絲以後，此等材料乃逐漸淘汰。至其裁制，則最初有者為後世之韍（亦曰韠），鄭註《乾鑿度》謂“古者佃漁而食，因衣其皮，先知蔽前，後知蔽後”是也[51]。夫但知蔽前為韍，兼知蔽後則為裳矣。裳有襱襪而短則為褌（《事物紀元》：褌，漢晉名犢鼻。姚令威曰：醫書膝上二寸為犢鼻。蓋褌之長及此）。長其襱則為袴（《說文》作絝，曰脛衣也）。蔽上體者曰衣。連衣裳而一之為深衣（詳見《禮記·深衣》、〈玉藻〉兩篇。裳幅前三後四，朝祭之服，襞績無數。喪服三襞績，深衣之裳，前後皆六幅，不襞績）。衣之在內者短曰襦，長曰衫，長而有著者曰袍。古朝祭之服，皆殊衣裳，深衣則否。然唯庶人即以為吉服。漢以後，漸去衣裳，徑以袍為外服，而其便服轉尚裙襦，遂漸成今世之服矣（詳見任大椿《深衣釋例》。《新唐書·車服誌》：“中書令馬周上議，《禮》無服衫之文，三代之制有深衣。請加襴、袖、褾、襈，為士人上服。開胯者曰缺褲，庶人服之。”《類篇》：“衣與裳連曰襴。褾，袖端也。襈，緣也。”《事物記原》曰：“缺胯衫，今四胯衫”）。

作事以短衣為便，古今皆然。《曲禮》曰：“童子不衣裘裳。”

《內則》曰："十年，衣不帛。襦袴。"衣不帛句絕。《疏》謂：
"不以帛為襦袴。"誤矣。二十可以衣裘帛，則亦二十而裳。不言
者，與上互相備，古人語法如此。故戴德喪服變除，童子當室（自
十五至十九），其服深衣不裳也。武人之服亦然。故杜預釋"跗"
註曰：若袴而屬於跗[52]。不徑曰袴者，袴不皆屬於跗也。此即後世
之袴褶。魏晉以後，為車駕親軍，中外戒嚴之服。王靜庵以為皆
出於胡[53]。誤矣。中國服飾，唯韡確出於胡[54]，古人則夏葛屨，冬皮
屨也[55]。曾三異《同話錄》曰："近歲衣制，有一種，長不過腰，
兩袖僅掩肘，名曰貉袖。起於御馬院圉人。短前後襟者，坐鞍不
妨脫着，以其便於統馭也。"此今之馬褂也。裲襠，《玉篇》曰：
"其一當胸，其一當背。"《廣雅》謂之袹腹，宋時謂之背子[56]，此
為今之坎肩[57]。加於首者，最尊者為冕，以木為幹，用布衣之。
上玄下朱，前俯後仰，黈纊塞聰（《東京賦》薛綜註：黈纊，以黃
綿，大如丸，懸冠兩邊，當耳。案：後以玉曰瑱），垂旒蔽明，蓋
野蠻時代之飾。弁如冕，前後平，以皮、革、韋等物為之，冠以
斂髮[58]，略如後世之喪冠。中有樑，廣二寸，秦始皇改為六寸，漢

---

52 《左傳》成公十六年。

53 見《觀堂集林·胡服考》。

54 見《陔餘叢考》。

55 見《士冠禮》。

56 見《石林燕語》。

57 見《陔餘叢考》。

58 《説文》。

文帝增為七寸，而樑始廣，而古制不可見矣 [59]。冠之卷曰武，纓以組二屬於武，合結頤下。有餘則垂為飾，是曰緌。冠為士服（古者男女必冠，以露髮為恥。故子路謂君子死，冠不免，結纓而死。後世官吏獲咎者，每稱免冠謝過）。庶人則以巾。巾以覆髻曰幘。帶有大帶、革帶。大帶以素絲為之，以束腰，垂其餘為飾，謂之紳 [60]。革帶在大帶上，為雜佩所繫（佩有德佩、事佩。德佩，玉也。事佩，如《內則》所云紛帨小觿之屬。紛帨，即今之手帕也。小觿，解結之具）。袴之外有行縢，亦曰邪幅。襪，初亦以革為之。故見尊者必跣，後則唯解屨耳。

古無棉布，凡布皆麻為之。所謂絮纊，皆今之絲綿也。裘之制，則因貴賤而不同，詳見《禮記・玉藻》。古人衣裘，皆毛在外，故曰：「虞人反裘而負薪，彼知惜其毛，不知皮盡而毛無附。」裘上有衣，時曰裼衣。開裼衣露其裘曰裼，掩之曰襲。無裼衣為表裘，為不敬。故曰：「表裘不入公門。」[61] 衫（禪也。衫，絺綌之外袍也）、絺、綌亦然。唯犬羊之裘不裼。賤者衣褐。褐，毛布也。木棉，宋以前唯交、廣有之。宋末元初，其種乃入江南。有黃道婆，自崖州至松江，教紡織之法，其利遂遍全國。[62]

古喪服以布之精粗為序，非以其色也。斬衰三升（約二百餘支纖維為一升），齊衰四升、五升、六升，大功七升、八升、九升，

---

59 詳見江永《鄉黨圖考》。
60 《左傳》桓公二年《疏》。
61 《玉藻》。
62 《陔餘叢考》。

小功十升、十一升、十二升，緦麻十五升去其半，至十五升則為吉布，為深衣。然其色亦白。故《詩》曰：“麻衣如雪”。素服亦白色。周之大札、大荒、大災[63]，或以絹為之，與裘服非同物。古王公大人，服有采章，無爵者皆白，故白衣為庶人處士之稱。然王公大人，初非不着白衣也。宋程大昌《演繁露》謂：

南齊桓崇祖守壽春，着白紗帽，肩輿上城。今人必以為怪。樂府《白紵歌》曰：質如輕雲色如銀，製以為袍餘作中。今世人麗妝，必不肯以白紵為衣。古今之變，不同如此。《唐六典》：天子服有白紗帽，其下服如裙襦襪，皆以白，視朝聽訟，燕見賓客，皆以進御，猶存古制。然其註云亦用烏紗。則知古制雖存，未必肯用，習見忌白久矣。

愚案歐洲古平民只許衣黑，革命之後，乃並貴人皆黑衣[64]。中國古代平民只衣白，階級崩壞，乃並許平民衣采章，似以中制為得也。

未有宮室以前，居處因寒暑而異。《禮運》：“冬則居營窟，夏則居橧巢。”《注》云：“寒則累土，暑則聚柴薪居其上。”《詩》曰：“古公亶父，陶復陶穴。”《疏》：“平地累土謂之復，高地鑿坎謂之穴。其形如陶灶。”此即所謂寒則累土。《孟子》曰：“下者為巢”。此即聚柴薪而居其上之類也。《墨子·節用》曰：“未有宮室之時，因陵丘堀穴而處，聖王慮之，以為堀穴冬可以避風

---

63 《周官·司服》。

64 見康有為：《歐洲十一國遊記》。

寒，逮夏，下潤濕，上薰蒸，恐傷民之氣，於是作為宮室而利。"
宮室之所由興如此。然棟樑之制，實原於巢居。牆壁之制，則原
於穴居者也。

　　古之民，蓋居水中洲上，州、島同音。州、洲實一字也。明
堂稱辟雍。雍者，壅之古字。西北積高，則稱雍州。辟即壁，玉
肉好若一曰璧，璧形圓，言其四面環水也。後世之城，率繞之以
池，蓋猶沿邃古之制。城方大國九里，次國七里，小國五里。[65]
皆築土為之，時曰墉。墉之上為垣，稱睥睨，亦曰陴，亦曰女牆
（《釋名》）。城皆以人力為之。其外曰郭，亦曰郛，則依山川，無
定形。[66] 郭之內為郊，猶稱國中，其外則為野鄙。匠人營國，面
朝後市。內有九室，九嬪居之。外有九室，九卿朝焉。案：天子
諸侯，皆有三朝。最南為外朝，在皋門（諸侯曰庫門）之內，應門
（諸侯曰雉門）之外。應門之內曰治朝，其內為路門，路門之內為
燕朝，燕朝之後為寢，寢之後為宮。宮寢之間，為內宮之朝。內
九室當在於是，外九室則當在治朝也。其餘尚有官府次舍，不能
確知其處。應門之旁有闕，亦曰觀，亦曰象魏，為懸法之地（天
子外闕兩觀，諸侯內闕一觀。見《公羊》昭公二十五年《解詁》。家
不台門，見《禮器》）。路門之側為塾，民居二十五家為閭，閭之
兩端有門，其側亦有塾，為教學之地。

　　路寢之制，前為堂，後為室。堂之左右為兩夾，亦曰廂。東

<hr>

65 《考工記》。

66 焦循：《群經宮室圖》。

廂之東曰東堂，西廂之西曰西堂。室之左右為東西房，其北曰北堂，牖戶之間謂之房。室西南隅為奧，戶在東，西南隅最深隱，故名，尊者常處焉。西北隅謂之屋漏，日光所漏入也。東北隅謂之宦，宦，養也。蓋飲食所藏。東南隅謂之窔，亦隱闇之義。此為貴族之居。晁錯論募民徙塞下，謂古之徙遠方，“先為築室，家有一堂二內。”此近今日中為堂，左右為室之制。蓋平民之居然也。

《爾雅》曰：“闍謂之台”（《註》：“積土四方”）。有木者謂之榭（《注》：“台上起屋”）。又曰：“四方而高曰台，狹而修曲曰樓。”則今日之樓，非周以前所能為。《孟子·盡心》：“孟子之滕，館於上宮。”趙註：“上宮，樓也。”可以為館，則似今日之樓，而非前此之台榭，僅供眺望者矣。恐不足信。然亦可見邠卿時，已有今日之樓也。

《儒行》稱“一畝之宮，環堵之室，篳門圭窬，蓬戶甕牖。”可想見古代民居之簡陋。然《月令·季秋》：“乃命有司：寒氣總至，民力不堪，其皆入室。”《詩》：“十月蟋蟀，入我床下。穹窒熏鼠，塞向墐戶。嗟我婦予，曰為改歲，入此室處。”《公羊解詁》亦曰：“吏民春夏出田，秋冬入保城郭。”（宣公十五年），則除風雨寒暑外，蚩處室中之時，蓋甚少也。

古代眺望，止於台榭，遊觀則在苑囿。囿兼有禽獸，苑但有草木，蓋畫地施以厲禁，如美之黃石公園。故其大可方數十百里，非今之花園也。今之花園，蓋因園圃為之。

古築城郭宮室，皆役人民為之，故以卑宮室為美談，事土木

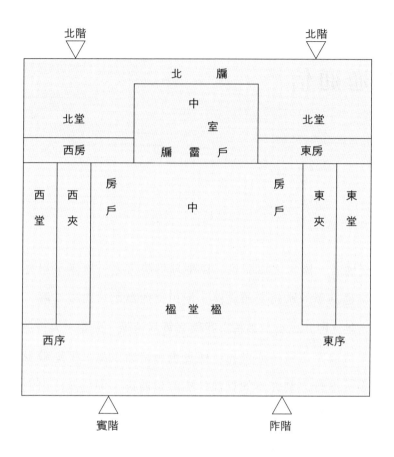

為大戒。崇宏壯麗之建築，歷代未嘗無之，然以中國之大言之，則其數甚微耳。又地處平原，多用土木而少石材，即用磚亦甚晚，故大建築之留飴者甚少。《日知錄》曰：「予見天下州之為唐舊治者，其城郭必皆寬廣，街道必皆正直；廨舍之為唐舊創者，其基址必皆宏敞。宋以下所置，時彌近者制彌陋。」致慨於「人情之苟且，十百於前代。」此等足覘生計之舒蹙，治化之進退，誠為可憂。若夫訽諸史而覺偉大建築之不逮人，則康南海所云，適足見我階級之平夷，迷信之不深，不足愧也。

第六講
交通通信

　　交通者，國家之血脈也。以地理形勢言之，原隰平坦之區，陸路交通為亟。水路交錯之區，河川交通為亟。山嶺崎嶇，港灣錯雜之地，則其民長於航海。我國之黃河流域，東亞之大平原也。長江支流航路之遠，亦世界所僅見也。南嶺以南，平地較少，河川雖多，航行之利亦不如長江。然海線曲折，則遠非江河流域所及，故其航海之業，亦為全國之冠焉。

　　中國之文明，本起河域，故其陸路交通發達最早。《莊子》所謂"山無蹊隧，澤無舟梁"者，蓋已在荒古之世。至於三代，則其陸路交通已頗便利矣。斯時之道路，當分國中及野外言之。國中之道，《考工記・匠人》云："經塗九軌。"《王制》云："男子由右，婦人由左，車從中央。"蓋極寬平坦蕩。野外則不能如是，《儀禮》："商祝執功布，以御柩執披。"《註》云："道有低仰傾虧，則以布為左右抑揚之節，使引者執披者知之。"《曲禮》曰："送葬不避塗潦。"《左氏》載：梁山崩，晉侯召伯宗，伯宗辟重，重人曰："待我，不如捷之速也。"可見其寬平不建國中矣。案：郊野之道，蓋即所謂阡陌。《月令‧季春》：“命司空修理隄防，道達溝瀆，開通道路，毋有障塞。”《註》：“古者溝上有路。”蓋依溝洫為之。井田未廢之時，溝洫佔地頗多，且頗平直。則依溝洫而成之道路，亦必較今日田間之道路為寬且直矣。特其用人力修治，不能如國中之殷，故其平坦亦不逮國中耳。其有多用人力修治平坦者，則秦漢間所謂馳道。

古戎狄事田牧，多居山險。漢族事耕農，多處平地，故駕車之時，較騎乘之時為多。車有兩種，一曰大車，駕以牛，平地任載之車也。一曰小車，即兵車，亦稱武車，駕馬，人行亦乘之（婦人坐乘，男子立乘，車皆駕二馬。三馬為驂，四馬為駟，然三四皆可稱驂。《公羊》說：從天子駕六。《毛詩》說：自天子至大夫皆駕四）。

古書言騎乘者甚少，後人因謂古馬唯駕車，無單騎。《左傳》昭公二十五年：“左師展將以公乘馬而歸。”《疏》引劉炫，以為騎馬之漸。此非也。《日知錄》謂“古公亶父，來朝走馬。”即是騎馬。其說得之。又言“春秋之世，戎狄雜居中夏者，大抵在山谷之間，兵車之所不至。齊桓晉文僅攘而卻之，不能深入其地者，用車故也。中行穆子之敗翟於大鹵，得之毀車崇卒。而智伯欲伐仇猶，遺之大鐘，以開其道，其不利於車可知矣，勢不得不變而為騎。騎射，所以便山谷也。胡服，所以便騎射也。”此雖言兵事，而交通變遷之故，從可知矣。

古代騎馬，又不獨平人也，驛亦有之。戴侗曰：“以車曰傳，以騎曰駠。”《經典釋文》曰：“以車曰傳，以馬曰遞。”亭林因謂《左氏》所載乘馹乘遞，皆是騎馬。說亦甚確。漢初尚乘傳車，後惡其不速，皆改為乘馬矣。

水路之交通，不如陸路之發達。《孟子》言"歲十一月，徒杠成。十二月，輿梁成。"則必水淺之時，乃能乘之以架橋。水大時，則唯有用舟濟渡耳。《爾雅》所謂天子造舟（比船為橋），諸侯維舟（連四船），大夫方舟（並兩船），士特舟（單船），庶人乘枋（並木以渡）者也，此即後世之浮橋（《詩》疏）。川之甚廣者，則乘舟以渡。《詩》云："誰謂河廣，一葦杭之"是也。淺狹之處則徒涉，《詩》云："子惠思我，褰裳涉溱。"《論語》云："深則厲，淺則揭。"《禮記》言："舟而不游"。《淮南子》言："短綣無袴，以便涉游"是也。舟之初蓋以一木為之。故《易》言："刻木為舟"，又曰："利涉大川，乘木舟虛"也。（《註》："空大木為之曰虛"）。《月令》有舟牧，季春之月："命舟牧覆舟，五覆五反，乃告舟備具於天子。"則其製造，必非如前此之簡陋矣。《禹貢》九州貢路，皆有水道，雖未必真禹時書，亦必春秋以前物。《左氏》："晉饑，乞糴於秦，秦輸之粟"，"自雍及絳相繼，命之曰泛舟之役。"則能由水道漕粟矣。然北人之使船，似終不如南人。吳欲伐齊，城邗，溝通江淮，此為以人力開運河之始。其後徐承又自海道伐齊。吳楚爭戰，用舟師時甚多。入郢之役，楚所以不能禦者，以吳忽捨舟而遵陸，出不意故也。春秋時，江域之文化遠後於北方，獨航行駕於其上。亦可見開化之必由地利矣。

中國地勢，西高東下，大川皆自西徂東。故其交通，東西易而南北難。自河域通江域之運河，相需最亟。古代以人工開鑿者，蓋有二焉：一為邗溝，一為鴻溝也。鴻溝久湮，《史記·河渠書》述其略曰：“滎陽下引河東南為鴻溝，以通宋、鄭、陳、蔡、曹、衛，與濟、汝、淮、泗會。”其為用，頗似今惠民河、賈魯河也。

婁敬言河渭漕挽天下，西給京師。則自泛舟之役以來，其利迄未嘗替。至後漢明帝時，而引汴渠自滎陽至千乘之大工程出焉。蓋當時富力皆在山東，故亟謀自長安通齊地之水運也。東晉以後，富力漸集於江淮，則運道亦一變，隋開通濟渠，自東都引谷、洛入河，又自河入汴，自汴入淮，以接淮南之邗溝。自江以南，則自京口達餘杭，開江南河，凡八百里。唐世江淮漕轉，二月發揚州，四月自淮入汴，六七月至河口，八九月入洛。自此以往，有三門之險，欲鑿之而未成，乃陸運以入於渭，此自東南通西北之運道也。宋都汴京，水道四達。東河通江淮（亦曰裏河），西河通懷孟，南河通潁壽（亦曰外河，今惠民河其遺跡也），北河通曹濮。四河之中，東河之利最巨，淮南、浙東西、荊湖南北之貨皆自此入汴，嶺表之金銀香藥亦陸運至虔州入江。陝西之貨，有入西河入汴者；亦有出劍門，與四川之貨同至江陵入江者。蓋東河所通，三分天下有其二矣。元有天下，始引汶水，分流南北，以成今日之運河，歷明清無改。此則東南通東北之水路也。

陸路交通，秦漢而後蓋已不如列國時之修整，自宋以後，廢壞尤甚。今試引《日知錄》數則，以見其概。

《日知錄》曰：

讀孫樵《書褒城驛壁》乃知其有沼、有魚，讀杜子美《秦州雜詩》又知其驛之有池、有林、有竹。今之驛舍，殆於隸人之垣矣。予見天下州之為唐舊治者，其城郭必皆寬廣，街道必皆正直。廨舍之為唐舊創者，其基址必皆宏敞。宋以下所置，時彌近者制彌陋。此又樵記中所謂州縣皆驛，而人情之苟且十百倍於前代矣。

又曰：

古之王者，於國中之道路，則有條狼氏，滌除道上之狼扈而使之潔清。於郊外之通路，則有野廬氏達之四畿，合方氏達之天下，使之津樑相湊，不得陷絕。而又有遂師以巡其道修，侯人以掌其方之道治，至於司險掌九州之圖，以周知其山林川澤之阻，而達其道路。則舟車所至，人力所通，無不蕩蕩平平者矣。晉文之霸也，亦曰：司空以時平易道路，而道路若塞，川無舟樑，單子以卜陳靈之亡。自天街不正，王路傾危。塗潦遍於郊關，污穢鍾於輦轂。《詩》曰：周道如砥，其直如矢。君子所履，小人所視，睠焉顧之，潸焉出涕。其斯之謂歟。

又曰：

《周禮》：野廬氏，比國郊及野之道路宿息井樹。《國語》：單襄公述周制以告王曰，列樹以表道，立鄙食以守路。《釋名》曰：古者列樹以表道，道有夾溝，以通水潦。古人於古道之旁必皆種樹，以記里至，以蔭行旅。是以南土之棠，召伯所發。道周之杜，君子來遊（甘棠之詠召公，鄭人之歌子產）。固已宣美風謠，流恩後嗣。於路治蒲，樹木甚茂。子產相鄭，桃李垂街。下至隋唐之代，而官槐官柳亦多見之詩篇（《詩》云：蔽芾甘棠，勿剪勿敗，召伯所憩）。猶是人存政舉之效。近代政廢法弛，任人斫伐。周道如砥，若彼濯濯，而官無勿剪之思，民鮮侯甸之苉矣。《續漢書・百官誌》：將作大匠，掌修作宗廟、路寢、宮室、陵園土木之功，並樹桐梓之類列於道側。是昔人固有專職。《後周書‧朱孝寬傳》：雍州刺史，先是路側一里置一土堠，經雨頹毀，每須修之。自孝寬臨州，乃勒部內，當堠處植槐樹代之，既免修復，行旅又得庇蔭。周文帝後問知之，曰：豈得一州獨爾，當令天下同之。於是令諸州夾道一里種一樹，十里種三樹，百里種五樹焉。《冊府元龜》：唐玄宗開元二十八年正月，於兩京路及城中苑內種果樹。代宗永泰二年正月，種城內六街樹。《舊唐書‧吳湊傳》：官街樹缺，所司植榆以補之。湊曰：榆非九衢之玩，命易之以槐。及槐蔭成而湊卒，人指樹而懷之。《周禮‧朝士註》曰：槐之言懷也，懷來人於此。然則今日之官，其無可懷之政也久矣。

又曰：

《唐六典》：凡天下造舟之梁四，石柱之梁四，木柱之梁三，巨梁十有一，皆國工修之。其餘皆所管州縣，隨時營葺，其大津無梁，皆給船人。量其大小難易，以定其差等。今畿甸荒蕪，橋梁廢壞，雄莫之間，秋水時至，年年陷絕。曳輪招舟，無賴之徒，藉以為利。潞河渡子，勒索客錢，至煩章劾。司空不修，長吏不問亦久矣。況於邊障之遠，能望如趙充國治隍峽以西道橋七十所，令可至鮮水，從枕席上過師哉！《五代史》：王周為義武節度使，定州橋壞，覆民租車。周曰：橋梁不修，刺史過也。乃償民粟，為治其橋。此又當今有司之所愧也。

今日各地方之情形，與亭林所言，有以異乎？無以異乎？其原因，亭林謂由“國家取州縣之財，纖毫盡歸之於上，而吏與民交困,遂無以為修舉之資。"蓋古代之民政,愈至後世而愈廢弛,此實中國不振之大原因也。

古代肩輿,僅用之於山地。《史記‧河渠書》所謂"禹山行即橋";《漢書‧嚴助傳》所謂"輿轎而踰嶺"者也。宋某小說載,王荊公終身不乘肩輿,可見北宋時用者尚罕。南渡以後遂盛行,亦可見城市中路日趨傾陷也。

驛置歷代有之,至唐益備。唐制:卅里一驛,天下水驛一千六百三十九,陸驛一千二百九十七,水陸相兼之驛八十六。其職屬於駕部。宋以駕部屬兵部,有步遞、馬遞、急腳遞之分。急腳遞日行四百里,軍興則用之。南渡又有金字牌急腳遞,日行五百餘里[67],宋史所謂岳飛一日奉金字牌詔十二者也。元稱站赤(站之稱固取之他國也),設置兼及藩王封地,規模尤大。明制:南北京設會同館,在外設水馬驛遞運所。清制分鋪遞、驛遞兩種,鋪遞用人,驛遞用馬,亦皆屬兵部。凡驛皆有官馬及舟車,不足則和僱。馳行則或役民夫或用兵卒。自郵局興,驛站乃以次裁撤。

驛站之設,人物既可往來,音訊亦資傳遞,實為最便之事。然歷代僅限其用於官,而未能推以便民。故民間通信,事極艱苦。非遣急足,委親友,則必輾轉請托矣。歷來當寄書之任者,蓋多商人或旅客。或代人請托者,則為逆旅主人。至清代乃有民信局之設,初起寧波,後遍全國,甚至推廣及於南洋,而沿江一帶尤盛。郵局設立以後,雖逐漸減少,猶未盡絕也。此事頗足見我國

---

67 見沈括《夢溪筆談》。

民才力之偉。

海道交通可考者，始於吳人以舟師伐齊，前已言之。此等沿岸航行，蓋隨世而益盛。至漢以後，則有航行大海者，其路線見《漢書・西域傳》、《唐書・地理誌》。明時鄭和奉使，航路抵今非洲，詳見鞏珍《西洋番國誌》、馬歡《瀛海勝覽》，《明史・外國傳》即採自鞏書者也。海路運糧，始於唐之陳磻石。磻石潤州人。咸通中，用兵交趾，湖南、江西轉餉艱苦。磻石創海運之議，自揚子經閩廣以往，大船一艘，可運千石，軍需賴以無闕云。元明清三代，則天庾之正供，亦藉海舟以輸運矣。